中国社会科学院创新工程学术出版资助项目

从产品经济到服务经济

对人类社会经济发展史的新考察

李勇坚 ◎ 著

中国社会科学出版社

图书在版编目（CIP）数据

从产品经济到服务经济：对人类社会经济发展史的新考察/李勇坚著．—北京：中国社会科学出版社，2016.5
ISBN 978 - 7 - 5161 - 8258 - 1

Ⅰ.①从… Ⅱ.①李… Ⅲ.①经济学—研究 Ⅳ.①F0

中国版本图书馆 CIP 数据核字（2016）第 116873 号

出版人	赵剑英
责任编辑	王 曦
责任校对	周晓东
责任印制	戴 宽
出 版	中国社会科学出版社
社 址	北京鼓楼西大街甲 158 号
邮 编	100720
网 址	http://www.csspw.cn
发行部	010 - 84083685
门市部	010 - 84029450
经 销	新华书店及其他书店
印刷装订	北京明恒达印务有限公司
版 次	2016 年 5 月第 1 版
印 次	2016 年 5 月第 1 次印刷
开 本	710×1000 1/16
印 张	14
插 页	2
字 数	209 千字
定 价	56.00 元

凡购买中国社会科学出版社图书，如有质量问题请与本社营销中心联系调换
电话：010 - 84083683
版权所有 侵权必究

序　言

2015年，我国服务业占GDP的比重达到了创纪录的50.5%，占据国民经济"半壁江山"。对于中国经济来说，这个事实具有非常典型的意义。这意味着中国在实现了传统农业大国向全球制造业大国的转型之后，开始迈向服务经济强国。然而，从经济史上看，像中国这样一个占据了全球人口1/5的国度，在向服务经济强国进化过程中，会发生什么样的故事，这是值得我们深入研究的。我本人一直关注中国在走向服务经济强国过程中的社会经济变化，也正在主持中国社会科学院创新工程项目《迈向服务业强国：时序选择、实现路径与战略思路》，其主要目的就是想对中国走向服务强国过程中所发生的故事进行深入探讨。

李勇坚博士自2003年博士毕业之后，到2014年一直在中国社会科学院财经战略院（原财贸所）服务经济室工作（2014年起调到财经院互联网经济研究室，主持该研究室的工作）。在这期间，勇坚博士一直跟随我从事服务经济理论与政策的研究。到2010年，在对国家"十二五"服务业规划研究的基础上，我与勇坚博士、刘奕博士、霍景东博士合作完成了《迎接服务经济时代来临——中国服务业发展趋势、动力与路径研究》这本著作。在该书中，我们提出2015年很可能迎来经济结构转型的"拐点"，2020年左右中国将迎来"服务经济时代"的命题。实践也证明，这一判断是立得住脚的。

在该书出版之后，勇坚博士在多次与我讨论中提出，服务业在国民经济的地位越来越重要，这是我国经济史上从未发生过的。因此，需要更深入地研究服务经济的特征，需要有更宽更深的视角。

而且，他进一步提出，从长时段的世界经济发展趋势看，服务经济在历史演化过程中，有很多相同点应该抽象出来。据此，他建议从服务经济发展历史与服务思想史的视角，对服务经济的特征及未来走向进行更为深入与全面的研究。2011年，中国社会科学院现任院长（时任中国社会科学院常务副院长）王伟光同志到财贸所调研，我向王院长提议，要加强服务经济史与服务经济思想史的研究。王院长当场表示予以支持，并作为院长交办项目予以立项。勇坚博士的这本新作《从产品经济到服务经济——对人类社会经济发展史的新考察》（以下简称《从产品经济到服务经济》），就是该项目的研究成果之一。

《从产品经济到服务经济》这本书的核心观点是，对人类社会经济发展历史的研究需要从总体上看，不能单独将经济因素与社会因素剥离出来，这可能是其副标题称之为"新考察"的原因。这一观点，与马克思关于社会经济发展的观点是不谋而合的。马克思认为，生产力决定生产关系，而生产关系反过来又影响生产力，二者不能割裂开来看，其内在的要求是将社会与经济统合起来分析。在这一立意的基础上，《从产品经济到服务经济》一书对全球社会经济发展特征进行了抽象，从宏观上将其分割为三个阶段，即产品经济、商品经济与服务经济。在我所知的范围内，这是全球范围内第一本从这个视角将全球经济发展史分为产品经济、商品经济与服务经济的著作。

在具体内容方面，本书从三大阶段的产品与生产特征、劳动力的地位与作用、经济生活特征、社会关系特征等进行了深入探讨，基于这一探讨，针对当代经济发展的趋势，在下篇重点对服务经济阶段各个方面的特征进行了分析。在这个分析过程中，勇坚博士提出了很多具有启发性的观点，例如，在信用经济的演化方面，他提出服务经济阶段的特色是"信用资本化"，而产品经济与商品经济阶段分别表现为"信用道德化"与"信用商品化"。这不但是基于服务经济本身交易的是无形产品，信用能够发挥更多的作用；更为重要的是，在当今互联网已席卷全部生活的时代里，信用不再是商品经济时代所表现出来的"商品化",而成为生产生活的基本要素。因此,他进一步提出"信用资本、人力资本与物质资本成为推动现代服务经济阶段发展的三大资本"。这一观点,对于我们研究服务经济阶段的生产过程具有非常重要的启发意义。又如,在人力资本的研究方面,勇坚博士提出,在服务经济时代,"人力资本的作用形式出现了泛化,人力资本由体力、智力、心力(心理资本)组成"。这也是非常有创意的,与服务经济发展的特色也具有相当的吻合性。当然,心力(心理资本)要引入到实际的经济研究中,还有很长的路要走。但是,这个概念的提出,也反映了作者勇于创新的勇气。还有,在服务消费方面,作者提出了服务消费是一个互动过程与体验过程,服务劳动是一种心情传递,这一点,不仅对服务经济理论具有启发意义(如心力的概念,就可以在此进一步发挥),而且对服务企业的管理也具有深刻的借鉴价值。此外,本书的附录《服务经济阶段的中国机遇:"中国服务"的崛起》也非常有意义,作者归纳了"中国制造"与"中国服务"、"中国服务"与"西方服务"之间的区别。在中国经济逐步进入服务经济阶段的今天,这两个命题也是具有深入研究价值的。

总之,《从产品经济到服务经济》一书分析视角较为独特,许多观点和研判很有创见,是近年来在服务经济理论研究方面颇具特色、学术价值含量很高的专著,值得研读。我愿意推荐给从事服务经济理论与政策的研究者,以及在服务业实际部门工作的同志们。

夏杰长
中国社会科学院财经战略研究院副院长、研究员,
国家发展和改革委员会服务业专家咨询委员会主任委员
二〇一六年三月于北京

前言：迈向服务经济时代

2015年1—9月，我国服务业①增加值为250779亿元，占全部GDP（487774亿元）的比重达到51.4%。② 这是中国历史上第一次出现服务业增加值超过50%的情况。这一事实具有划时代的意义，这说明我国经济已开始向服务经济时代迈进。

"服务经济"作为一个整体研究阶段，之于我们的研究，并不是一个新的概念。2010年，我和夏杰长教授、刘奕博士、霍景东博士共同写了一本书——《迎接服务经济时代来临——中国服务业发展趋势、动力与路径研究》，在该书中，我们经过反复推算，发现到2015年前后，服务业增加占GDP比重将超过工业占GDP比重，到2012年左右服务业还将成为吸纳劳动就业的第一大部门。③ 根据这一事实，我们在国内首先提出"服务经济时代已临近中国"的命题。该命题提出之后，在学术界与决策层面都引起了较大的反响。从研究的视角看，该书主要从经济增长的视角，看待"十二五"时期中国服务业的发展。在该书完成之后，我一直在思考，如何从服务经济的视角，对人类社会经济的发展过程进行更全面的分析。经过五年时间断断续续的阅读与思考，最终形成了本书的研究成果。

本书的书名为《从产品经济到服务经济——对人类社会经济发

---

① 在统计局，一般将服务业称为第三产业。
② 中华人民共和国国家统计局：《前三季度国民经济运行总体平稳》，国家统计局网站，2015年10月19日。
③ 我们刚开始提出"服务业将成为第一大就业部门与产出部门"时，很多人表示质疑。因此，我们对数据进行了反复推算，以多种方法对服务经济的比重进行了估算。而2011—2015年服务经济增长的现实，说明我们对服务业发展的预测仍偏向于保守。

2 从产品经济到服务经济

展史的新考察》，也说明了研究的目标是对人类社会经济发展史进行一个较为全面的分析。而本书提出的"新考察"，究竟"新"在什么地方呢？从对社会经济发展看，马克思的研究是较为深入的。一般认为，马克思主要提出了三类社会形态划分理论：一是以所有制关系为视角的五种经济社会形态划分理论；二是以人的发展状态为视角的三大社会形态划分理论；三是以生产力为视角的四种社会形态划分理论。[①] 我的看法是，单纯从经济关系或者社会关系（或者马克思所说的"阶级关系"）来分析社会经济发展过程，尤其是对社会经济发展进行分期，仍有值得再进一步讨论之处。本书从生产过程特征入手，兼顾讨论社会生产过程中所涉及的社会关系，对社会经济发展过程进行重新理解。也就是说，本书既不单纯从生产或者经济增长的角度来看发展过程，也不单纯从社会关系的角度来看待社会的变化，而是基于二者结合的视角，来审视社会经济的发展。事实上，脱离了社会生产过程，对人类社会发展的审视将会脱离现实；而只注重社会生产过程，忽略生产过程变化对社会关系的影响，对社会发展的审视将会非常不全面。

基于这一点，本书将人类社会经济发展史划分为三个阶段：产品经济、商品经济与服务经济。在这一阶段划分方法中，产品、商品与服务，这三个概念的区别，并不完全基于其物理属性（如产品是有形的，而服务是无形的），而是基于其物理属性、生产过程以及所涉及的社会关系等，进行综合区分。而这三个阶段之划分，也并非完全绝对。也就是说，并非产品经济阶段，就只有产品生产，而无商品与服务之生产与消费；商品经济与服务经济阶段，也同样基于此理。

我们所提出的"三阶段论"，其核心仍在于各个阶段占主导地位的生产方式与社会关系。产品经济阶段，大部分的社会生产仍然围绕"产品"进行。也就是说，生产出来的产品，并非商品，乃是

---

① 杨文圣：《马克思划分社会形态的多重维度》，中国经济史论坛（http://economy.guoxue.com/? p = 6962）。

满足个人或家庭或社群内部的需要。消费、生产与交换之间是脱离的，产品过程主要涉及生产与消费，涉及交换与分配过程，与以价值交换为核心的商品生产有着本质的区别。由于产品生产大部分是发生在第一产业，在生产过程中，人与自然的关系显得非常重要。商品经济阶段，大部分的社会生产是围绕"商品"进行的。也就是说，生产出来的产品，并非为了满足个人或家庭或非交换关系的社群之需要，而是为了用于交换。而服务经济阶段，除了"服务"或者"服务业"成为经济发展的主导（2014年，全球服务业占GDP的比重达到70%）之外，更为重要的是，因为社会产出的变化，带动社会关系发生了巨大的变化。例如，在服务经济阶段，由于服务过程大都需要供需双方互动，这使社会人际关系与合作模式发生了很大的变化。合作、共享、互动、互助等因素，在人际合作中，起到了更大的作用。而人际间的信任，也进一步从习俗型信任向合作型信任进化。服务产出的无形性、质量的不可见性等，促使社会信任关系的变化，信用成为一种重要的资本。也就是说我们所提出的从"信用道德化"、"信用商品化"向"信用资本化"的演进过程。通过对服务经济阶段特征的分析，也可以对很多现在的争议问题作出回答，例如，服务业的快速发展会不会导致产业空心化的问题。事实上，如果从经济与社会的双重视角来看服务经济发展，我们会发现，服务业带来产业空心化问题根本上就是一个伪命题。服务经济改变了人们的消费观念、发展理念、价值信念等，而产业空心化作为商品经济阶段的一个概念，或许本身并不适应于服务经济阶段的分析。

本书的主要内容也基于此。本书上篇对"三阶段论"（产品经济、商品经济、服务经济）进行了理论上的分析。我们认为，基于将社会经济发展视为一个系统的理念，综合生产技术、社会结构、人际关系等因素考虑，人类社会的发展可以分解为产品经济、商品经济、服务经济三个阶段，这三个阶段的发展是人类社会生产力发展水平的重要体现，同时也代表着三种不同的产业形态与生产关系。从产业发展视角看，处理人与自然关系的主要是农业，其主导经济形态是产品经济；处理物与物之间关系的主要是制造业，其主导经济形态是商品经济；服务则代表了人与人之间关系，其主导经济形态就是服务经济。在这个视角下，我们分析社会经济发展形态时，就可以发现，社会经济形态的演化，是一个互动的生态系统，在经济增长的同时，已蕴含着社会变革与人本身发展的因素。基于这一理念，我们对产品经济、商品经济、服务经济三个阶段的主要特征从多个方面进行了分析。下篇着重分析了服务经济阶段的重要特征。我们认为，在服务经济阶段，服务产品"以人为本"的发展方向，以及服务的泛在化，将使服务日益体验化与心理化，这要求在生产理论中，引入新的资本概念，即本书所提出的"心力资本"的概念。这一概念的引入，不单纯改变了对服务生产过程的理解，也将改变社会与经济发展的模式。对此，本书从生产过程、经济生活、社会变化、动力机制等多个方面，对服务经济阶段的发展进行了深入的探讨。

目 录

上篇 社会经济发展阶段的理论研究

第一章 社会经济发展阶段的理论框架 …………………… 5

第一节 社会经济发展阶段的概念 ………………………… 5
  一 相关概念 …………………………………………… 5
  二 简要评论 …………………………………………… 7
第二节 社会经济发展阶段划分的标准：反思与重构 …… 8
  一 划分社会经济形态的核心标准：理论基础 ……… 8
  二 社会经济发展阶段的划分具体
     标准的探讨：重构 ………………………………… 12

第二章 关于社会经济发展阶段的思想史梳理及已有研究述评 ………………………………………… 15

第一节 马克思及其继承者对社会经济发展阶段的研究 …… 15
  一 马克思对社会经济发展阶段的论述 ……………… 15
  二 当代马克思主义者对社会经济发展阶段的研究：
     马尔库塞、波德里亚 ……………………………… 20
  三 简要评论 …………………………………………… 26
第二节 西方经济学者对社会经济发展阶段的思想发展 …… 27
  一 古典经济学家关于社会经济发展阶段的思想 …… 27
  二 发展经济学关于社会经济发展阶段的理论 ……… 29

三　信息社会理论及其对社会经济发展阶段的划分…… 31
　　　四　后工业社会理论 …………………………………… 33
　　　五　知识经济理论及其对社会经济发展阶段的作用…… 34
　　　六　小结 ………………………………………………… 35
　第三节　西方社会学者的社会经济发展阶段思想………… 36
　　　一　韦伯/波兰尼 ………………………………………… 37
　　　二　现代主义/后现代主义 ……………………………… 42
　　　三　卡斯特：网络社会 ………………………………… 46
　　　四　小结 ………………………………………………… 47
　第四节　关于未来社会经济发展的理论研究……………… 47
　　　一　吉登斯：后匮乏经济社会 ………………………… 48
　　　二　对资本主义社会未来的思考 ……………………… 51
　　　三　后经济社会理论关于社会经济发展阶段的视角… 56
　第五节　对已有研究的一个简要评论……………………… 57

第三章　社会经济发展三阶段论的理论基础………………… 59
　第一节　三阶段论提出的背景……………………………… 59
　　　一　现有理论研究的缺陷 ……………………………… 59
　　　二　三阶段论对现有研究的包容与扬弃 ……………… 61
　　　三　三阶段论的理论贡献与超越 ……………………… 62
　第二节　三阶段论的主要内容……………………………… 63
　　　一　三大阶段的时期划分：从全球史的视野 ………… 63
　　　二　三大阶段的制度特征 ……………………………… 64
　　　三　三大阶段的进化动力 ……………………………… 66

第四章　三大阶段的产品与生产特征………………………… 70
　第一节　三大阶段的主导产品及其进化：历史的视角…… 70
　　　一　三大阶段的主导产品及其演化 …………………… 70
　　　二　三大阶段主导产品的比较：总结 ………………… 72
　第二节　三大阶段人的需求拓展…………………………… 73

一　三大阶段人的需求拓展 …………………………… 73
　　　二　三大阶段需求拓展的比较：总结 ………………… 75
　　第三节　三大阶段的生产过程 …………………………… 75
　　　一　生产方式的变化 ……………………………………… 75
　　　二　生产要素的演进 ……………………………………… 77
　　　三　生产组织形式的进化 ………………………………… 80
　　　四　三大阶段的生产过程：小结 ………………………… 83

第五章　三大阶段的劳动力特征 …………………………… 84
　　第一节　三大阶段劳动的意义 …………………………… 84
　　第二节　三大阶段的劳动者人力资本特征 ……………… 86
　　　一　产品经济状态下劳动者人力资本的特征 ………… 86
　　　二　商品经济状态下劳动者人力资本的特征 ………… 86
　　　三　服务经济状态下劳动者人力资本的特征 ………… 87
　　第三节　三大阶段人类群体智慧的分布 ………………… 89
　　第四节　三大阶段的人的发展 …………………………… 90
　　　一　马克思关于人的发展的观点及其启示 …………… 91
　　　二　三大阶段人的发展 ………………………………… 92
　　第五节　三大阶段劳动者特征：小结 …………………… 93

第六章　三大阶段的经济生活特征 ………………………… 95
　　第一节　三大阶段的交易过程 …………………………… 95
　　　一　交换的扩展及市场规模的扩张 …………………… 95
　　　二　交易组织形式的进化 ……………………………… 97
　　　三　交易媒介的发展 …………………………………… 98
　　第二节　三大阶段的分配过程 …………………………… 98
　　　一　分配模式的进化 …………………………………… 98
　　　二　参与分配的要素的变化 …………………………… 99
　　　三　社会资源配置机制的演进 ………………………… 100
　　第三节　三大阶段的消费过程 …………………………… 100

一　需求的变化 …………………………………………… 100
　　二　消费行为的特征 …………………………………… 102
　　三　消费关系的演进 …………………………………… 103

第七章　三大阶段的社会关系特征　106

第一节　社会关系网络的演进 ………………………………… 106
第二节　三大阶段的人际关系特征 …………………………… 108
第三节　三大阶段的信任关系 ………………………………… 112

下篇　服务经济阶段的研究

第一章　服务经济的理论渊源 ………………………… 119

第一节　服务经济思想的起源 ………………………………… 119
　　一　古典经济学家关于"服务"及"服务业"
　　　　的论述 ………………………………………………… 119
　　二　马克思及其继承者关于"服务"及
　　　　"服务业"的论述 …………………………………… 121
第二节　服务经济思想的形成 ………………………………… 122
　　一　服务经济概念理论：费希尔—克拉克 …………… 122
　　二　服务经济的基本形成：富克斯、鲍莫尔、
　　　　格沙尼等 ……………………………………………… 123
第三节　学术界关于"服务经济阶段"的研究综述 ………… 124
　　一　关于服务经济阶段的各种论述 …………………… 124
　　二　"服务型社会"理论 ……………………………… 126

第二章　服务经济阶段的核心产品："服务" ………… 128

第一节　服务的泛在 …………………………………………… 128
第二节　服务产品特色：以人为本 …………………………… 131
第三节　服务的体验化 ………………………………………… 133

第四节　服务的心理化 ………………………………… 135

第三章　服务经济阶段的"人" ……………………………… 137

第一节　人的社群化 …………………………………… 137
第二节　人的中心化与协调化 ………………………… 139
　　一　人成为社会的中心 …………………………… 139
　　二　人处于持续协调过程之中 …………………… 140

第四章　服务经济阶段的生产过程 ………………………… 141

第一节　作为快乐传递、幸福共享过程的服务劳动 … 141
　　一　服务劳动的特征 ……………………………… 141
　　二　服务劳动的双重性 …………………………… 142
第二节　服务对生产过程的组织与引领作用：以服务
　　　　方式分配资源 ………………………………… 143
第三节　生产要素的泛化：心理资本的引入 ………… 145
　　一　服务生产要素的扩展 ………………………… 145
　　二　人力资本的泛化 ……………………………… 145
第四节　人力资本作用模式的变化：知识生产与
　　　　用心服务 ……………………………………… 146
　　一　知识生产 ……………………………………… 146
　　二　用心服务 ……………………………………… 147
第五节　人力资本的拓展：人文因素与社会责任 …… 149
　　一　人文因素 ……………………………………… 149
　　二　社会责任 ……………………………………… 150
第六节　信用资本化 …………………………………… 150
　　一　关于信用经济的理论渊源 …………………… 150
　　二　服务经济阶段信用的重要意义 ……………… 150
　　三　信用资本化 …………………………………… 151
第七节　知识产权的变化 ……………………………… 152
　　一　商品经济阶段知识产权的意义与作用 ……… 152

二　服务经济阶段的知识产权：免费使用、模式
　　　　创新与新的垄断 …………………………… 156

第五章　服务经济阶段的经济生活过程 ……………… 162

第一节　服务经济阶段的交易关系 ………………… 162
　　一　交易范围的拓展 ………………………………… 162
　　二　交易模式的变化：参与式消费及体验式消费 …… 163
　　三　互助与分享模式 ………………………………… 164
　　四　免费模式 ………………………………………… 166

第二节　服务经济阶段的消费关系 ………………… 167
　　一　服务消费成为消费的主导 ……………………… 167
　　二　服务消费的互动性 ……………………………… 168
　　三　服务消费的无限性与有限性 …………………… 170
　　四　服务消费的心理特征 …………………………… 170

第六章　服务经济阶段的社会特征 …………………… 174

第一节　社会组织结构的变化 ……………………… 174
　　一　社群的兴起 ……………………………………… 174
　　二　阶层的扁平化 …………………………………… 177
　　三　网络社会的崛起 ………………………………… 179

第二节　社会关系特征的进化 ……………………… 181
　　一　互动关系的兴起 ………………………………… 181
　　二　信任模式的进化 ………………………………… 182

第三节　社会与经济的"嵌入"与"脱嵌" ………… 182
　　一　社会对经济的"嵌入" ………………………… 182
　　二　社会对经济的"脱嵌" ………………………… 184

第七章　迈向服务经济时代的动力机制 ……………… 186

第一节　社会机制 …………………………………… 186
　　一　技术进步的方向 ………………………………… 186

  二 技术赋权的意义 …………………………………… 187

 第二节 经济机制 ……………………………………………… 189

附录 服务经济阶段的中国机遇:"中国服务"的崛起 ……… 191

  一 中国进入服务经济阶段的必然性 …………………… 191

  二 实施"中国服务"战略,是中国步入服务经济

    阶段的必然宿命 ……………………………………… 193

  三 "中国服务"战略的内涵 …………………………… 197

参考文献 ……………………………………………………… 200

后　记 ………………………………………………………… 205

上篇　社会经济发展阶段的理论研究

从经济发展历史的角度审视，人类经历过不同的经济形态（modality of economy and production），才有不同的经济发展方式。由于经济发展历史的各个阶段有着明显的特征，因此，长期以来，理论学家总是致力于对漫长的社会经济发展过程进行分期。正如马克思所指出的："历史不外是各个世代的依次交替。每一代都利用以前各代遗留下来的材料、资金和生产力；由于这个缘故，每一代一方面在完全改变了的环境下继续从事所继承的活动，另一方面又通过完全改变了的活动来变更旧的环境。"[①]

本篇旨在从长时段的视角，通过对社会经济特征的详细分析，对社会经济发展分期提出新的模式。研究结果表明，从社会产出、生产要素、人的发展、人际关系、消费特征等综合视角出发，人类社会经济发展可以分为三个阶段：产品经济阶段、商品经济阶段、服务经济阶段。三个阶段在核心产品、核心投入要素、人际关系、劳动的意义等方面均存在着显著的差异。

---

① 《马克思恩格斯选集》第一卷，人民出版社1995年版，第88页。

第一章 社会经济发展阶段的理论框架

本章旨在建立关于社会经济发展阶段的理论框架，并就社会经济发展阶段提出全新的理论框架，探索划分社会经济发展阶段的实践标准，为进一步研究打下基础。

第一节 社会经济发展阶段的概念

一 相关概念

社会经济发展阶段是社会形态的一种外在的、以经济生活为主要特征的表现形式。社会经济发展阶段理论就是研究如何把社会经济由低向高发展的进程，或者说社会经济的演化过程，划分为若干阶段，在此基础上，通过对各阶段社会经济特征进行归纳整理，从而为社会经济发展提供政策建议，指明前进方向。

社会形态是以生产关系总和为基础的包括上层建筑意识形态在内的社会结构。宽泛地说，社会形态也就是人们的社会关系存在的各种模式。人的社会关系包括多方面，有经济关系、政治关系、思想关系等，其中起决定作用的是经济关系。因此，在社会形态中，决定性的内容应该是作为生产关系总和的经济基础。①

社会经济发展阶段是社会形态在某一个特定历史时期、在特定的生产力发展背景下的表现形式,因此,可以视为"社会经济形态"的一种表现形式。社会经济形态与社会形态是两个既相互区别又相互联系的概念。社会经济形态是人类社会发展到一定阶段占主要地位的生产关系以及与之相适应的生产力的总和,它包括社会的经济结构、要素和功能,它仅指社会的物质领域。社会形态是人类历史发展一定阶段的经济、政治、思想文化等形态的总称,即生产力与生产关系,以及社会生活的各个方面,它是经济基础和上层建筑的统一。人类社会历史的发展经历了不同社会形态的依次演进和不同社会经济形态的相继更替。这是一个辩证的过程。

社会经济形态和社会形态的关系是具体和一般的关系。社会形态是社会历史发展最普遍本质的概括,它比社会经济形态的抽象程度更高,从根本上规定了不同社会制度中的共性因素和必定如此的趋势。从历史上看,不同的社会经济形态可以共存于同一社会形态内,比如,原始社会、奴隶社会、封建社会都属于一种特别的社会形态,这种社会形态中,有不同的社会经济形态内化于其中。根据马克思、恩格斯的思想,社会经济形态是以社会的生产方式特别是所有制形式作为划分的标准,社会形态则是以人的存在状况和社会

---

① 对于"经济基础是生产关系的总和"这一马克思历史唯物主义的命题,在理解上有些歧义。事实上,马克思在《〈政治经济学批判〉序言》一文中指出:"人们在自己生活的社会生产中发生一定的、必然的、不以他们的意志为转移的关系,即同他们的物质生产力的一定发展阶段相适合的生产关系。这些生产关系的总和构成社会的经济结构。"这是马克思本人比较经典的说法(马克思关于"经济基础是生产关系的总和"的说法,在其著述中还有多处表述)。值得注意的是,马克思强调了生产关系与生产力之间的互动关系,这是我们在研究中必须加以重视的,也是本书在研究"三阶段论"时的一个基本出发点。

生产力的发展状况作为划分的根本标准，二者显然有着重大区别。①

基于以上分析，对于社会经济发展阶段概念，本书给出如下界定：

经济发展阶段是一个以经济生产发展水平为基础，涉及制度、资源、人口、环境、资本、知识、技术、文化、基础设施等诸多因素，并由这些因素相互作用而产生的综合性、系统性的经济变迁和社会变迁的动态过程。从系统论的角度来看，一个国家或地区的经济发展过程是一个开放的动态的运行系统，而社会经济发展阶段，正是这个系统的外在输出特征的体现。

二 简要评论

我们认为，社会经济发展阶段的概念在本质上是对人类社会经济形态在长时段范围进行划分。在长时段背景下，生产力进步的影响将渗透到社会经济生活的每一个部分，从而使每个社会经济形态似乎有着巨大的差异。然而，从一代人或短时段的视角，这种差异不会特别明显。这使对社会经济发展阶段的划分需要超越表面所看到的社会生活现象，而深入其本质，将其深处所蕴含的各种关系提炼出来。

在研究的实践中，对社会经济发展进行分期这种说法本身不会在经济学家内部产生分歧，问题的关键在于如何对各个阶段的本质特征进行描述，使用什么样的标准来划分特定的阶段，以及使用什么称谓来表述这种分期。由于每个阶段都会延续非常长的时间②，对其本质进行抽象，是一件非常需要理论素养与勇气的事情。

---

① 更深入地说，马克思关于社会形态的划分，在理论研究中有很多争论。主要是涉及马克思关于社会形态划分标准与具体划分模式。归纳起来，马克思主要提出了三类社会形态划分理论：一是以所有制关系为视角的五种经济社会形态划分理论；二是以人的发展状态为视角的三大社会形态划分理论；三是以生产力为视角的四种社会形态划分理论。但是，我们认为，从马克思的历史唯物主义视角看，在马克思那里，社会生产过程与人的存在状态应该是划分社会形态的最重要依据。

② 例如，以农、牧、渔猎业为代表的产品经济时代，在历史上至少延续了上万年，占据了人类有文字记载历史的90%以上。这么长的历史时期，涉及社会经济的巨大变化，但其生产特征没有本质区别。

当前流行的一种分法是从两个维度对经济发展历史进行分期，即生产方式与发展方式。曼纽尔·卡斯特指出，"在一个坐标轴上区分前工业主义、工业主义（industrialism）与信息主义（informationalism）（或后工业主义），而与将资本主义和国家主义（或以贝尔的用词，集体主义）对立起来的另一个坐标轴分开，这在后工业主义与信息主义的理论中，已经是广为接受的传统，始于阿兰·图尔纳（Alain Touraine）和丹尼尔·贝尔（Daniel Bell）的经典著作。当社会可以按两个坐标来记述特征时（所以我们可以有工业国家主义、工业资本主义等），了解社会动态，以便维持'生产方式'（mode of production，如资本主义、国家主义）与'发展方式'（mode of development，如工业主义、信息主义）两者在分析上的距离与经验上的相互关系是非常重要的"。①

问题的关键在于，对这种社会经济发展阶段，使用两个这样的维度是否足够或者准确。本书的观点是，从这两个维度进行经济发展历史分期，需要有更精细化的研究。生产方式与发展方式，在某种意义上太宽泛，而在另一种意义上，又涵盖过窄。而如何关注分期的具体划分标准之间的联系与互动，才是本书研究的一个核心问题。

第二节　社会经济发展阶段划分的标准：反思与重构

一　划分社会经济形态的核心标准：理论基础

对于划分社会经济形态的核心，有人认为，既然"生产力是检验一切工作的根本标准"，也就应当是划分社会经济形态的根本标准或最重要的标准。② 但是，我们认为，社会经济形态是生产力与

---

① ［美］曼纽尔·卡斯特：《网络社会的崛起》，夏铸九等译，社会科学文献出版社2001年版，第17—18页。

② 吴秉元主编：《哲学与社会主义现代化建设》，中国铁道出版社1988年版，第176页。转引自白清田《论划分社会经济形态的根本标准》，《长白学刊》1989年第2期。

生产关系的统一,是社会生活与经济生活的统一,划分社会经济形态的核心标准必须是生产力与生产关系的统一、社会生活与经济生活及人的发展三个方面的统一。更为重要的是,在对社会经济形态进行分期或者分阶段的研究过程中,对于社会生活、经济生活与人的发展之间作为一系统的互动与联系,更是要给予重点关注。

(一)生产力发展水平是研究社会经济形态的根本

站在历史唯物主义的观点,生产力发展是社会经济进步的重要基础。事实上,没有生产力的发展,经济生活与社会生活难以发生持续、全面的变更。因此,对社会经济形态进行分期,首要的问题是研究生产力的发展基础。这是研究社会经济形态的根本。

这一观点,也得到了很多经济学家的认可。例如,加耳布雷思的名著《丰裕社会》第九章的标题就是"生产的至高无上的地位",他写道:"生产的重要性超越了我们的边界。人们经常告诉我们说——在传统智慧中这是我们的文明甚至是我们的生存的最通常的辩护理由——美国生活水准是'这个世界的奇迹'。在很大程度上确实如此。"① 而且,他提出,生产之所以重要,是因为它能够满足人对安全的需求。"以往对于生产的先入为主观念以及近代对于安全的普通寻求,这两者造成了在我们的时代中对于生产的极度关心。增加了的实际收入,在以往与再分配财富的努力相结合的怨恨周围,为我们提供了令人惊异的迂回道路。高度的生产水平业已成为有效经济安全的基石。可是还有为货物的决定性生产量辩护的任务。生产不能成为缓和不均程度或提供就业机会的附带事件。它必须有它自己的存在理由。"② 生产的发展,还能够解决社会存在的分配不均问题,他指出,"生产力能使我们避免或高潮迂回以往与不均及其不合适的救治药方相结合的紧张状态,它已经成为我们努力减少不安全的中心问题"③。

---

① [美]加耳布雷思:《丰裕社会》,徐世平译,上海人民出版社1965年版,第104页。
② 同上书,第118页。
③ 同上书,第105页。

(二) 生产关系是对社会经济形态划分的核心维度

然而,生产的过程是一个人与人的组织过程,因此,单纯的生产力标准,不能够作为社会经济发展阶段划分的唯一标准。正如曼纽尔·卡斯特指出,生产是以阶级关系组织起来的,而阶级关系界定了生产过程中某些人类主体以其在生产过程中的位置为基础,决定了在消费与投资关系中产品的分享与使用。① 因此,对社会经济形态进行分期,必须考虑到生产关系的影响。生产关系作为生产过程中的社会关系,是经济与社会两个方面的最重要决定因素,因此,在对社会经济形态发展的研究中,必须将生产关系作为其核心维度。

综合起来,生产关系对社会经济发展阶段划分的意义,主要在于以下几个方面:

第一,生产关系具有内在性。唯物辩证法认为,事物内部的特殊矛盾是规定一事物区别于他事物的特殊本质,因而是一切事物所以千差万别的内在原因或内在根据。因而,我们区别事物时,首先要根据事物内部矛盾的特殊性,其次才根据一事物与他事物之间的联系。根据这个观点,我们划分不同的社会经济形态就要把握住决定社会经济性质最本质的东西——生产关系内部起决定作用的生产资料所有制。

作为生产的内在过程的生产关系,与生产力一道,使社会经济发展阶段划分得更为明确。

第二,生产关系具有稳定性。作为划分不同事物根本标准的东西,应当具有相对稳定性的特点,这样才便于人们掌握。生产关系同生产力相比较,生产力是生产方式中最活跃最革命的因素,处于经常的变动状态。而生产关系一经产生,便处于相对稳定的状态,所以必须将生产关系与生产力结合起来,作为划分社会经济形态的标准,以便于从纷繁的社会经济生活中,抽象出最本质的东西。

---

① [美] 曼纽尔·卡斯特:《网络社会的崛起》,夏铸九等译,社会科学文献出版社2001年版,第18页。

第三，生产关系具有直接性。从生产关系和生产力对社会形态的作用上看，生产关系（主要是所有制）具有直接的决定作用。这已为社会发展所证明。不论哪个历史时期，只要人类社会中占主体地位的生产资料所有制发生质变，这个社会的性质也就立即发生质变。生产力则不然。它的变化并不直接引起社会经济形态的变化，而是通过生产关系，或迟或早地发生作用。历史上常常出现这样的情况：生产力已经达到一定的高度了，但社会形态由于其他因素的作用，迟迟没有发生根本变化。相反，有时生产力刚刚达到一定程度，社会形态由于其他因素的作用却发生了质变。这样一来，就出现了这样的现象：在同一生产力状况的基础上，存在着两种不同的社会形态；甚至在生产力较低的国度建立起较高级的社会经济形态，或是在生产力较高的国度却建立起较低级的社会经济形态。

这一事实说明，只使用生产力作为社会经济形态划分标准是不够的，对社会经济发展阶段的划分，需要同步使用生产关系标准。

第四，生产关系具有确定性。生产关系与生产力相比，有更大的确定性。我们并不否认生产力在划分社会经济形态中的重要作用，因为任何一种社会形态的性质以及社会形态的更替，归根结底是由生产力状况决定的，一般来说都是以一种特定生产工具为标志的。例如，原始社会以石器为标志，奴隶社会以青铜器为标志，封建社会和资本主义社会各以铁器和大机器为标志。因此马克思认为，生产工具不仅是生产力发展水平的标志，而且是社会经济关系的指示器。生产工具对于区分不同的社会经济形态有着十分重要的作用，但是，靠生产力（尤其是生产工具）判别社会形态的性质却具有不确定性。比如，列宁曾认为电气化是社会主义生产力的独具特征。但目前来看，电气化已经由资本主义实现了，电气化能否作为社会主义生产力区别于资本主义生产力的标志，还需要进一步研究、探讨。所以，这种不确定性，使我们无法把生产力作为划分社会主义与资本主义两种经济形态的标准。而社会生产关系则不同。任何一种社会形态一诞生，它同旧社会在生产关系方面（尤其是所有制方面）质的差别便形成了。所以，生产关系的这种确定性使它比生产力更具有充分的条件作为划分不同社会经济形态的根本标准。

综上所述，正是由于生产关系同生产力相比，具有内在性、稳定性、直接性、确定性，因而，应把生产力与生产关系共同作为划分社会经济形态的根本标准。

二 社会经济发展阶段的划分具体标准的探讨：重构

生产力也好，生产关系也好，都是对社会经济现实的高度抽象，它们只是构成对社会经济发展阶段划分的一个理论标准。如何应用到社会经济发展阶段的划分标准过程中，需要进行具体构建。也就是说，在具体的研究过程中，需要对生产力与生产关系进行解构，将其具体化，从而形成对社会经济发展阶段划分具有可操作性的指标，才能对社会经济发展阶段的研究作出新的贡献。

因此，对社会经济的历史审视，需要在更长的时间维度、更广的视野、更宽的领域进行更深的思索，不但要考虑各个社会经济发展阶段的生产技术手段（生产力方面），更要考虑因为技术手段带来的人际关系、社会结构、心理因素等多方面的变化（社会与生产关系方面）。如果只考虑技术因素，或者只是考虑抽象的理论标准，就有可能对社会经济发展阶段做出误判。而且，也不利于研究得出具有参考意义的结论。例如，沟通模式对社会经济发展阶段划分有着非常重要的理论价值[①]，但是，这种沟通模式，却居于社会的底层，在研究过程中，需要进行深入的挖掘。如果只是以抽象的生产力或生产关系进行研究，对这个问题就容易忽略。

根据生产力和生产关系之于社会经济发展阶段的理论研究，结

[①] 在功能与意义之间有结构性精神分裂症的状况下，社会沟通的模式日渐压力沉重。当沟通失败，或者不再沟通，连冲突性的沟通形式（如社会抗争或政治对立的情况）都没有时，社会群体与个体之间便疏离异化，视他者为陌生人，最后变成威胁。在这个过程里，社会的片断化（fragmentation）愈加扩展，认同变得更为特殊，日渐难以分享。参见［美］曼纽尔·卡斯特《网络社会的崛起》，夏铸九等译，社会科学文献出版社2001年版，导读第4页。

合社会经济发展的历史过程，本书认为，对社会经济发展阶段的划分，应遵循以下七个方面的标准：

第一，社会最重要的产品是什么。社会所产出的产品构成了社会经济发展的基础架构，这些产品具有哪些方面的特性，满足了人的哪些方面的需求，以及与这种需求的契合程度等，都决定了社会经济发展处于哪一个具体阶段。例如，产品经济阶段最重要的是农牧渔猎产品，这些产品主要满足人类生存的需要。而且产品基本处于短缺状态，与人的需求无法完全契合。而商品经济阶段最重要的产品是大规模工业化生产的产品，由于规模化生产，使产品基本处于过剩状态，产品除了满足人的基本需求之外，其核心是满足人的炫耀性需求。[①] 到服务经济阶段，服务成为满足人的高级需求的手段，使人的合作、共享、协作等内在精神得以释放。

第二，劳动者的地位是什么。在生产过程中，劳动者处于什么样的地位，生产组织形式如何变化。例如，在产品经济阶段，劳动者在生产组织中居于主导地位，但是，他仍然无法摆脱自然的奴役；而在商品经济阶段，劳动者属于资本的附庸，无法摆脱资本的劳役，生产组织形式是以资本为核心进行组织的；在服务经济阶段，劳动者与消费者共同完成服务生产过程，劳动者在社会中的主体地位日益提升。

第三，生产过程是怎么样的，这主要包括生产的要素是什么，要素在生产中发挥了什么作用，生产的技术特征是什么。

第四，交易过程。具体包括交易的对象、市场的规模大小、交易的媒介、主要交易参与者等。

第五，分配过程。具体包括参与分配的要素、分配的重点与目的、分配的依据与权威等。

第六，消费过程。具体包括消费的产品特征、消费在人群中的分布、消费与生产的关系等。

---

① 参见波德里亚关于"符号消费"的系列研究成果，[法]波德里亚：《消费社会》，刘成富、全志刚译，南京大学出版社2006年版。

第七，社会关系特征，具体包括社会治理特征、社会沟通模式等。

本书的研究，就是基于以上七个方面的特征，对社会经济发展阶段作出划分，并对各个阶段的具体特征进行深入探讨。

第二章 关于社会经济发展阶段的思想史梳理及已有研究述评

第一节 马克思及其继承者对社会经济发展阶段的研究

一 马克思对社会经济发展阶段的论述

1. 马克思对社会经济发展阶段的基本观点

马克思是对社会经济发展阶段作出巨大贡献的思想家。[①] 他站在历史唯物主义的立场，提出"社会经济发展从来不是一个同质、等速的状态，而是一个不断地从量变到质变，并呈现出阶段性的过程"的特征。从"历史与逻辑统一"的思想出发，马克思将"社会经济形态"设定为一个超验的、超民族的主体，将"生产资料与劳动者的分离"视为它的进化目标，对生产背后的社会关系，如生产所涉及的人与生产资料的关系、人与人之间的关系有着深入的分析。具体而言，马克思主要提出了三类社会形态划分理论：一是以所有制关系为视角的五种经济社会形态划分理论；二是以人的发展

[①] 马克思对历史学研究的贡献得到了很多历史学家的认可。布罗代尔在《历史和社会科学：长时段》一文中说："马克思的天才，马克思的影响经久不衰的秘密，正是他首先从历史长时段出发，制造了真正的社会模式。"年鉴学派第三代代表人物 J. 勒高夫在《新史学》中写道："在许多方法，如带着问题研究历史，跨学科研究，长时段和整体观察等，马克思是新史学大师之一。"

状态为视角的三大社会形态划分理论；三是以生产力为视角的四种社会形态划分理论。[1] 这三种理论，如果具体到社会经济形态，主要是以所有制关系为视角的五种经济社会形态划分理论，即原始社会、奴隶社会、封建社会、资本主义社会与共产主义社会五种形态，以及以生产为视角的四种社会形态。人类社会大体来说依次经历了以石器为标志的游牧社会，以铜器和铁器为标志的农业社会，以机器为标志的工业社会，人类社会目前正迈向以智能工具为标志的信息社会。[2] 而马克思以人的发展为基础，对社会形态进行划分的理论，尤其对我们具有启发意义。马克思认为，从人的发展视角看，可以将社会经济形态划分为三类，即人的依赖的最初社会形态、物的依赖的第二大社会形态和个人全面发展的第三大社会形态。[3]

在《政治经济学批判》序言中，马克思根据生产方式特别是生产资料所有制的形式，指出："大体说来，亚细亚的、古代的、封建的和现代资产阶级的生产方式可以看作是经济的社会形态演进的几个时代。"[4] "经济的社会形态的发展理解为一种自然史的过程。"[5] 按照这种观点来看待社会发展过程，就会发现社会历史运动在其基本矛盾推动下，是连续的，又是分阶段的，是阶段性和连续性的统一，只看到连续性而抹杀阶段性，就会导致把不同的社会历史时期和社会形态混淆起来，只看到阶段性而否认连续性，就会否认社会运动的历史继承性和前进上升性。社会经济形态的发展具有不可抗拒的客观规律性。这里需要注意的是，在马克思的视野里，

---

[1] 杨文圣：《马克思划分社会形态的多重维度》，中国经济史论坛（http://economy.guoxue.com/? p = 6962）。

[2] 同上。

[3] 参见《政治经济学批判（1857—1858年手稿）》。在《资本论》第一卷中，马克思进一步概括了人的发展的三个历史阶段："人们在自己劳动中的直接的社会关系"阶段、"人们之间的物的关系和物之间的社会关系"阶段和"自由人联合体"的社会关系阶段。详见下文的论述。

[4] 《马克思恩格斯选集》第二卷，人民出版社1995年版，第33页。

[5] 同上书，第101—102页。

社会经济形态的演化，并非一个线性的过程，也不单纯是一个梯次递进的过程，而是一个系统生态的演化过程。

在《资本论》中，有一段比较明显体现社会经济形态的话："使各种经济的社会形态例如奴隶社会和雇佣劳动的社会区别开来的，只是从直接生产者身上，劳动者身上，榨取这种剩余劳动的形式。"① 这段话十分明确地表明了两点：其一，社会经济形态就是指处在一定历史阶段上的社会，或者是经济发展一定历史阶段上的表现形态，因而是指包括各种社会现象、社会关系的整个社会有机体。其二，社会经济形态是以生产关系特别是所有制形式为标志来相互区别和划分的。生产关系构成这个社会机体的基础、核心，规定着不同社会机体的质的区别和特殊的发展规律。概括地说，社会经济形态是指一定历史发展阶段上的生产方式以及与它相适应的生产关系和交换关系，它是社会基本制度原则和社会形态的规律在具体历史条件下的统一。

在《资本论》时期，马克思对社会的认识达到更精确、更成熟的程度。其理论成果表现在：把社会形态和社会经济形态区别开来，指出不同社会形态划分的根本标准是人的状况和生产力的发展状况，并以此为标准把人类社会历史过程划分为三大社会形态："以人的依赖关系"为特征的第一大社会形态；以对"物的依赖性为基础的人的独立性"为特征的第二大社会形态；以"建立在个人全面发展和他们共同的社会生产能力成为他们的社会财富这一基础上的个性"，并以"能力依赖"为特征的第三大社会形态。

马克思的这一观点，对本书的研究具有非常大的启发作用。依据马克思的观点，三大社会经济形态的依次演进说明了人类历史的发展是以生产力的发展为基础的自然历史过程。而这三大社会形态，是建立在一定的经济基础之上的。依据马克思的论述，我们可以归纳出：第一大社会形态以自然经济为其经济基础，第二大社会形态以商品经济为其经济基础，第三大社会形态将建立在产品经济

---

① 《马克思恩格斯选集》第二卷，人民出版社1995年版，第194页。

的经济基础之上①（详见下文的论述）。

2. 对马克思关于社会经济发展阶段的进一步讨论

从历史唯物主义的视角，生产力的发展是推动社会经济发展的动力，是促进人类社会进步的最终决定力量，其中劳动工具起到了重要作用。因此，劳动工具，不但是人作用于自然对象的一种手段，更重要的是，劳动工具的进化将给社会生产过程带来影响，并深刻地影响了人与人之间的关系。

一般认为，劳动工具是置于劳动者与原材料、能源、信息等物体之间，把劳动者的活动传导到它们之上的中介体。劳动工具不仅是原材料、能源、信息发展的结晶体，而且是人体劳动器官的延长物和外化物。劳动工具使人类突破体力、智力的限制，放大人类的劳动能力，提高人类改造自然的程度，因而是代表生产力水平的基本标志。其中，劳动工具是劳动资料的主要内容。从经济发展的历史进程看，劳动工具大体可以划分为手工工具、机械工具和自动工具三类。手工工具只是人类肢体的简单延长，由于受自然力的限制不可能有大的发展，它是古代社会生产力的标志。机械工具把各种自然力能源转化为有规律的、可以随意控制的、不受自然条件限制的加工动力来推动机械工作，由于摆脱了自然力的限制，使生产规模空前扩大。它是近代工业生产力的标志。自动工具是在人类控制下，能自行活动的工具，由于它不仅能扩大人类体力劳动能力，还能扩大人类脑力劳动的能力，因而生产力必定会有更大的突破。它是现代和未来社会生产力的标志。

劳动工具是人类活动的结果。正如马克思在1857—1858年所写的《政治经济学批判大纲》（草稿）中写道："自然界没有制造出任

---

① 马克思的"产品经济"的概念，与本书所提出的"产品经济"概念有着本质的区别。马克思的"产品经济"概念，是建立在生产力极大发展、生产生活资料极为丰富的基础之上。在这种情况下，产品的生产是为了满足人的需要，而不再通过市场进行交换。而本书所提出的"产品经济"，是指在商品交换不发达的前提下，生产及产品交换局限于一定的范围之内，生产出来的产品，主要是满足该范围内成员的消费。因此，马克思的"产品经济"概念，在时序划分方面，类似于本书所提出的"服务经济"。

何机器，没有制造出机车、铁路、电报、走锭精纺机等等。它们是人类劳动的产物，是变成了人类意志驾驭自然的器官或人类在自然界活动的器官的自然物质。它们是人类的手创造出来的人类头脑的器官"①，是作为社会生产力的"社会实践的直接器官"，"实际生活过程的直接器官"。② 与一般政治经济学或哲学辞典中用"物件"来表述劳动工具不同，马克思在这里用"器官"来表述劳动工具，因为器官是有生命的机体中的一个部分，它的运动同整个机体的生命活动联系在一起，它的功能是机体整体功能不可缺少的一部分。

因此可以说，劳动工具是反映生产力性质的综合性标志，它"更能显示一个社会生产时代的具有决定意义的特征"③。

通过对以劳动工具为代表的生产过程进行分析，马克思在《政治经济学批判》手稿中还曾对社会经济形态作过一种划分：

第一，自然经济社会。在这类社会经济形态中，主要的矛盾是人与自然的矛盾，人们依赖血缘关系，组成团体对抗大自然，并获得生产资料与生活资料。在活动范围上，"人的生产能力只是在狭窄的范围内和孤立的地点上发展着"；人们的生产能力及对自然的控制能力很弱，人与人的关系以血缘及亲情为主导，交换关系范围很小。

第二，商品经济社会。在这类社会经济形态中，人开始走出血缘关系，交往关系以交换为特征，交往范围大大扩展，即实现了"从身份到契约"的转变。因此，"以物的依赖为基础的人的独立性"成为社会关系的基础。人的能力在以分工为基础的社会体系里得到全面提升，社会生产力大幅度提升，人与自然的关系，演变为"人—机器（工具）—自然"三元关系。人际关系开始成为社会关系的主体。

第三，产品经济社会。在马克思的理论体系里，产品经济社会是一种理想的状态，其特征是：建立在个人全面发展和他们共同的

---

① 《马克思恩格斯全集》第46卷下册，人民出版社1980年版，第219页。
② 同上书，第220页。
③ 《马克思恩格斯全集》第23卷，人民出版社1972年版，第204页。

社会生产能力成为他们的社会财富这一基础上的自由个性。这个社会里，由于生产力的极度发展，产品极大丰富，人与人的关系成为社会的主导，人们相互提供服务，人类精神获得极大解放，自由个性得以张扬。

马克思认为，不论各个民族和国家的经济发展道路如何不同，都必将经历这三大社会经济形态。无论是基于生产关系，还是基于人的发展对社会经济形态的划分，都与生产力发展的一定阶段相联系。前一种划分主要以所有制形式为依据，后一种划分主要从生产力的发展、社会发展和人自身发展的统一来考察社会经济形态的演变。

从马克思的观点，我们可以得到以下启示：第一，生产过程的不断进步，将会对人自身的进步带来一个反馈作用；因此，人的发展，将伴随着社会经济发展阶段而发展。第二，社会发展过程中，经济与社会的发展是一个系统，需要从一个整体加以考虑。第三，生产作为一个社会过程中，生产手段等各个方面的变化，将影响到社会中人与人之间的关系。第四，社会经济发展阶段，都会有一个显著的特征，这个特征可以从纷繁的社会经济生活中抽象出来。

二 当代马克思主义者对社会经济发展阶段的研究：马尔库塞、波德里亚

1. 马尔库塞对社会经济发展阶段的研究

马尔库塞[①]在社会批判方面继承和坚持了马克思的思想传统，但是，对社会经济与人的发展之间的关系，尤其是技术进步对人或者社会的影响方面，他提出了自己的观点。这一点在他的技术资本主义的思想中就有明显的体现。马尔库塞的技术资本主义批判的核

---

① 马尔库塞（Herbert Marcuse，1898—1979），美籍德裔哲学家，法兰克福学派主要代表人物之一。马尔库塞的哲学思想深受黑格尔、胡塞尔、海德格尔和弗洛伊德的影响，同时也受马克思早期著作的很大影响。早年试图对马克思主义作一种黑格尔主义的解释，并以此猛烈抨击实证主义倾向。从 20 世纪 50 年代开始，主要从事对当代资本主义的分析和揭露，主张把弗洛伊德主义与马克思主义结合起来。他认为现代工业社会技术进步给人提供的自由条件越多，给人的种种强制也就越多，这种社会造就了只有物质生活，没有精神生活，没有创造性的麻木不仁的单面人。因此，他试图在弗洛伊德文明理论的基础上，建立一种理性的文明和非理性的爱欲协调一致的新的"乌托邦"，实现"非压抑升华"。

心思想和命题是：技术资本主义是人类社会和资本主义的一个发展阶段，并且技术将在这个阶段的结束中起到重要的作用。"技术资本主义"这个概念，对于理解社会经济发展阶段而言，最重要的是关于技术与社会、人的发展之间的关系。

在1972年所写的《反革命和造反》（收录在《工业社会和新左派》一书中）一文中，马尔库塞写道："资本主义进步的法则寓于这样一个公式：技术进步＝社会财富的增长＝奴役的加强。商品和服务在不断增加，牺牲是日常的开支，是通向美好生活道路上的'不幸事故'，因此剥削是合情合理的。"[1]

具体而言，马尔库塞关于技术资本主义的主要观点为：

第一，资本主义的发展或资本主义的本质。在生产力高度发展的基础上，资本主义本身在快速发展。资本主义的发展，必然造就发达工业社会中人与现存制度的"一体化"。[2] 这种"一体化"成为新时期资本主义的本质。

马尔库塞指出，"二十世纪的资本主义具有空前的能力，正是这一能力将引起二十世纪的革命，其基础，其战略及其目标都和迄今一切的革命，特别是俄国革命，有根本的区别。"[3] 马尔库塞实际上在论述垄断资本主义阶段的特征，在垄断资本主义阶段，剥削范围扩大了，在宗主国和第三世界，必须不断地把新的阶层加以同化，这就促进了垄断资本主义的主要倾向，按照它的利益和模式，组织整个社会。在经济集中和政治集权的最新阶段，各经济领域的

---

[1] ［美］马尔库塞：《反革命和造反》，载任立编《工业社会和新左派》，商务印书馆1982年版，第82页。

[2] 所谓"一体化"，即发达工业社会中的人因其实际利益而与现代工业社会融为一体，对现存的秩序持一种维护态度，表现出一种"非政治化"的倾向。在"一体化"社会中，同一性原则压倒了否定性原则，技术成了社会控制和社会团结的新的、更有效的、更令人愉快的形式；在自由民主、高度技术化、高度统一的社会框架内，发达工业社会成为"没有反对派"的新型的极权主义社会。参见http://baike.baidu.com/link?url=hOA8odNbJukolHFVrIrXh9_SkQEHdDWX8nTXtWggz1kgv4Gg5gjMXUnwig_l1WMc0KB5GkUkAMRxswYNgjsFTa。

[3] ［美］马尔库塞：《反革命和造反》，载任立编《工业社会和新左派》，商务印书馆1982年版，第86页。

资本主义企业是服从于整个资本的要求的。"凡是资本主义的技术结构还能够带来较高生活水平和确立一个实际上不受监督的权力结构的地方,那儿的居民就对社会主义不感兴趣,如果不说是完全反对的话,这并没有什么奇怪。"①

第二,资本主义的灭亡。这是马尔库塞关于新革命理论的核心。马尔库塞认为,资本主义通过引进新技术,创造了丰富的社会财富。这使人们由于处于贫困状态而去革命的可能性变小,革命将演变为反抗人性压抑的工具。从资本主义与技术的关系中既可以看出资本主义具有空前的能力,因为技术的进步,造就了"单向度的人"②;同时也可以看出资本主义具有自我消亡的可能,即技术对人性的压抑。马尔库塞认为资本主义与技术的关系本身就是课题。技术编织着资本主义的网。技术的劳动分工使人本身只起着一部分操作功能,而这一部分功能则受着资本主义过程的协调器的协调。这一剥削的技术结构织成了一张巨大的人的机器的网,而这些机器生产和维持着一个富裕社会。由于资本主义携手技术的力量,对人性形成了压抑。资本主义内部的力量缩小了资本主义进一步发展的基础,它是自我灭亡的过程,有一个自我灭亡的必然趋势,而技术的作用是关键的。"资本主义的技术成就充满了失败,不幸和压抑。资本主义揭开了一个新的范围,这一范围标志着资本主义的生活领域和否定资本主义的生活领域。商品和服务的生产在扩大,它缩小了资本主义进一步发展的基础。"③ 马尔库塞认为垄断资本主义阶段的灭亡,其基础就是消费社会。他批判消费社会的这种存在形式,他说,难道真的可以把消费社会看作资本主义的最后阶段?"消费社会"这一术语是错误的,因为很少有一个社会,像这个社会这样

---

① [美]马尔库塞:《反革命和造反》,载任立编《工业社会和新左派》,商务印书馆1982年版,第82页。
② 所谓单向度是相对于双向度而言的。双向度是既有肯定的一面,又有否定的一面;只有肯定性,没有否定性、批判性,即是单向度。
③ [美]马尔库塞:《反革命和造反》,载任立编《工业社会和新左派》,商务印书馆1982年版,第94页。

全面地屈从于控制着生产的那些利益。消费社会是一种形式，在这种形式中，处于最先进阶段的垄断国家资本主义进行着自我再生产，而且正是在这一阶段，压迫也改组了，资本主义的"资产阶级民主"阶段结束了，新的反革命的阶段开始了。①

从本质上看，马尔库塞对技术资本主义的批判是对技术异化意识形态的一种批评，揭露了发达工业社会在把人引向畸形幸福的同时塑造了单向度的人。② 社会的进步，在向物质社会进化的同时，也使人的理念畸化，使人无法体会到作为人的精神愉悦、情感升华与理想价值。

从社会经济发展阶段理论看，马尔库塞理论的意义在于，对于技术与社会、人的相互作用进行较为深入的研究，避免了单纯从技术与生产力的视角研究社会经济发展的缺陷。同时，马尔库塞关于"新革命"动因的研究③，也能够为我们进一步研究社会经济发展阶段演进动力提供借鉴。

马尔库塞提出，社会的进步，不单纯体现在物质产品生产方面，在社会生活各个方面都需要有相应的进步。而资本主义，人们虽然生活富裕，但受压抑和异化却更严重了。在技术控制、民主政治的面纱背后所显现出的现实是全面的奴役。人的尊严的沦丧，以及"舒适、温和、合乎情理且民主的不自由"，是资本主义社会生活的一个重要特征。这一理论，为本书对"商品经济阶段"、"服务经济阶段"的各个方面的特征研究，提供了非常有意义的启示。

2. 波德里亚对社会经济发展阶段的研究

对于社会经济发展阶段的思想，波德里亚的贡献主要是他的消费理论。在以往的研究中，主要将消费作为满足需求的一种手段，

---

① ［美］马尔库塞：《反革命和造反》，载任立编《工业社会和新左派》，商务印书馆1982年版，第101页。

② 縻海波：《马尔库塞：技术资本主义批判》，《内蒙古社会科学》（汉文版）2010年第1期。

③ 马尔库塞说，在当代资本主义的"单面社会"和"全面异化"的社会中，人性受到普遍的压抑。因此，革命的动因不是要求改变贫困，追求物质享受，而是在于人们要求自我实现，克服各种形式的异化，争取最高形式的自由。

而忽略了消费背后的社会关系。在《消费社会》中，波德里亚明确提出，20 世纪 60 年代以来的现代社会是以消费为主导的社会，而且，消费已经成为社会关系的一个重要组成部分。波德里亚通过研究，将消费引入社会经济发展阶段，将研究从生产力与生产关系拓展到了消费领域，这是他的一个重要贡献。

在波德里亚看来，借助现代科技革命，资本主义社会步入了一个由"物"所围绕的"丰盛"社会，消费的地位空前上升，成为控制社会生活的主导方面；在消费的过程中，人们不仅消费着物品本身，更消费着物品被赋予的意义。也就是说，"符号消费"成为消费的主流。尤为重要的是，通过电子信息技术，信息编码得以快速、便捷地制造、复制和流通，信息、符号、代码充斥着这个世界，人就生活在这样一个既非真实又非虚拟的仿真世界里。①

波德里亚对消费作了如下规定：首先，消费是一个以某种符号系统为基础的明确意义和沟通的过程，而正是在该符号系统中消费行为确定其位置并获得意义。其次，消费是一个分类和分化的过程，在该过程中物体的秩序同时是符号系统的意义结构和社会系统的地位结构。

波德里亚指出，"今天，在我们的周围，存在着一种由不断增长的物、服务和物质财富所构成的惊人的消费和丰盛现象。它构成了人类自然环境中的一种根本变化。恰当地说，富裕的人们不再像过去那样受到人的包围，而是受到物的包围。"② 因此，"消费"和"丰盛"成为现代社会的主要特征。但是波德里亚研究的消费与以往不同，他认为消费不是被动地吸收和占有，不是物质性的实践，也不是"丰产"的现象学，它是"一个虚拟的全体，它是一种符号的系统化操控行为"。③

---

① 在这方面，波德里亚具有惊人的洞察力。例如，现在的消费，大多与信息联系在一起。在吃饭之前，拍一个照片，发到微信朋友圈，已成为标准程序。这说明消费本身，已经将实物与虚拟的现实联结起来。

② Baudrillard Jean, *The Consumer Society*, London: Sage Publication, 1998, p. 25.

③ Baudrillard Jean, *The System of Objects*, Verso, 1996, p. 200.

消费不再是满足人的基本需求的过程，而成为一种符号体系。因此，消费体系是一种特殊的编码系列，"应该看到消费并不是围绕着某个个体组织起来的，因为根据名望或类同的要求，个体的个人需求是以集体语境为索引的。其中首先有一种区分的结构逻辑，它将个体生产为'个性化的'，也就是生产为相互区别的，但是根据某些普遍范例及它们的编码，它们就在寻找自我独特性的行为本身中相互类同了。……基础的逻辑是置于编码符号之下的区分/个性化逻辑。"[1] 波德里亚认为消费社会不再是以物质生产为主导的社会，取而代之的是媒介生产，在这中间，符号的差异关系以及被符号差异关系所生产出来的意象，构成了社会的主导内容，所以他试图用符号的分析来替代物质生产的分析。他指出，"消费系统并非建立在对需求和享受的迫切要求之上，而是建立在某种符号（物品/符号）和区分的编码之上"[2]。

消费的符号意义以其巨大的魅力颠覆了生产的决定性作用，使生产和消费颠倒过来，把以往的生产刺激消费转变为消费拉动生产，变"生产—消费"模式为"消费—生产"模式，人们被制造出来的需要所引导，被迫消费，而这种被迫是在人的无意识中悄然进行的。因此，波德里亚认为，在消费社会里，消费关系已经对生产关系形成了取代。这一视角虽然有失偏颇，但对于重视消费在社会经济中的作用，将消费关系分析引入社会经济形态分析中，具有重要意义。

从理论渊源看，尽管立场存在着差异，加耳布雷思仍应视为波德里亚的理论先驱之一。加耳布雷思认为，现代社会的物质生产能力有了极大的提升，我们迎来了"丰裕社会"。在"丰裕社会"里，生产为了迎合消费，开始出现了变异。他指出，"我们对于生产关心的另一个方面，是传统的和不合理的。我们在区别各种不同的货物和劳务时奇特地不合理。我们把若干最无价值的货物的生产看作是我们的骄傲。我们却把若干最重要的和最文明的劳务的生产引以为憾"[3]。

---

[1] ［法］波德里亚：《消费社会》，刘成富、全志刚译，南京大学出版社2000年版，第87—88页。

[2] 同上书，第70页。

[3] ［美］加耳布雷思：《丰裕社会》，徐世平译，上海人民出版社1965年版，第112页。

由于生产的极大丰富性，因此，将生产出来的产品销售出去，显得非常重要。这需要激发消费者的欲望。而之间的一个手段是，使用现代广告和推销手段。加耳布雷思写道："生产和欲望之间更直接的联系，是由现代广告和推销机构所提供的。这些不可能和独立决定需要的概念相调和，因为这些机构的中心职能是创造需要——把以前不存在的欲望制造出来。这是由货物的生产者或根据他的命令来完成的。在花费在消费品的生产以及花费于人工制造对那种生产的需求之间，大概有一种以实验为根据的关系存在。一种新的消费品必须用适当的广告运动加以介绍，以引起大家对它的兴趣。产量的扩充必须用适当的广告费预算支出的扩充来铺平道路。在近代工商企业的战略中，制造一种产品的开支，并不比制造对产品的需求的支出更为重要些。这毫不新奇。在一国最初级的工商管理学校中最迟钝的学生都认为这是基本的知识。这种欲望形成的成本是惊人的。1956年的全部广告费——虽然如所指出，并非全部都用作欲望的人工制造——约值一百亿美元。有些年度广告费的增加率超过每年十亿美元。显然，这些开支必须并入消费者需求的学说之中作为一个整体。它们的数值太大了，不能予以忽视。"①

在波德里亚等人看来，随着物质财富的极大丰富，人类社会步入"后工业社会"，生产和消费原来的决定与被决定的关系已经发生颠倒。在市场的动力之下，消费决定着生产，当市场上存在着某种消费需求，就会被生产出来的某种产品所满足。因此，从表面上看，消费社会理论是合乎逻辑的。但是，消费其实并不能完全引领生产，因为技术的进步，使产品的品种等各个方面，都极大地丰富。因此，消费并不能完全引领着社会经济发展。在这一点上，波德里亚并不完全正确。

三　简要评论

马克思对社会经济发展阶段的认识是非常深刻的。他提出了从

---

① ［美］加耳布雷思：《丰裕社会》，徐世平译，上海人民出版社1965年版，第131—132页。

生产力与生产关系两个维度对社会经济发展阶段进行区分。这是对社会经济发展阶段研究的一个重大突破，也是关于社会经济发展阶段研究方面最有深度的。

马尔库塞从人的发展视角，而非大部分经济学家以物为基础（如商品、商品生产等）的视角，对社会经济发展阶段进行研究，继马克思之后，将人们引入了社会经济发展研究过程中，体现了以人为本的思想，具有非常深刻的理论价值。这对我们全面分析社会经济发展具有借鉴意义，尤其是分析各个阶段的人际关系、信用关系等各个方面，都有重要意义。

波德里亚将消费作为社会经济发展的重点，将消费关系引入社会经济发展阶段研究中，体现了独特的研究视角。

第二节 西方经济学者对社会经济发展阶段的思想发展

一 古典经济学家关于社会经济发展阶段的思想

古典经济学家对社会发展阶段理论也提出过一些看法。这些看法，大部分是基于社会生产方式提出的。

现代经济学鼻祖亚当·斯密按照人们生活方式的基本决定因素将社会经济发展分为四个阶段：狩猎阶段、畜牧（pastoral）阶段、农耕阶段、商业（commercial）阶段。[1] 值得指出的是，斯密的第四个阶段，在本质上并非指商业占据了主导地位，而是指生产的目的是为了交换，接近于我们所提出的"商品经济阶段"。

斯密的社会发展阶段思想，其核心是以社会发展的各个时期的

---

[1] 关于亚当·斯密的社会经济发展阶段，还有一个三阶段论的版本，即将畜牧时代与早期农业社会合并成一个单一的阶段，即野蛮时代（barbarity），后者又与狩猎或蛮荒（savage）可以合并，它称之为 rude。参阅 Ferguson 的《关于市民社会历史的论文》（*an essay on the History of civil society*，1767），转引自 Anthony Brewer，*The Making of the Classical Theory of Economic Growth*，Routledge，2010，chap. 2。

主导产业进行划分。其理论基础是分工理论。随着分工的发展，各种新职业的不断出现，社会发展阶段不断演进，就产生了各种不同特征的社会，其基本发展线索是，原始社会是建立在狩猎和采集自然果实的基础上的，没有任何社会组织。随着野兽的驯化，出现了牧地，财产可以被个人拥有，畜牧业因其生产稳定而占据了主导地位，社会地位出现了不平等和差异。接下来是农耕阶段，土地渐渐被视为财产，可以为人所拥有。这也是遗产变得重要的阶段。法律制度得到了相应的发展。最后出现了交换经济，社会分割为不同阶级，各自以各自的方式谋生。分工提高了生产力，也使人们更加互相依赖，导致了商业社会的出现。

大卫·休谟虽然没有明确地提出阶段论，但是，他的观点与亚当·斯密有着异曲同工之处。在他看来，农业部门的剩余能够支持非农业部门，如果农民或地主不想购买其他任何产品，则他没有动机去生产更多的产品供销售。一个发达的商业社会是一个货币化的社会，有着复杂而多样化的产品以及大量的国内及国际贸易。因此，从农业社会向商业社会的转变是一种必然。

历史学派先驱·F. 李斯特认为，社会经济发展可以划分为五种形态：①狩猎状态；②游牧状态；③农耕状态；④农工状态；⑤农工商状态。他的分类方法主要是从占主导地位的产业层次视角来研究社会经济形态。李斯特的思想对于服务经济思想的提出具有重要意义，他实际上已经触及了"三次产业"理论的边缘。

旧历史学派的代表人物德国经济学家 B. 希尔德布兰德[①]按照经

---

① B. 希尔德布兰德，旧历史学派的代表人物，1812年生于瑙姆堡（图林根）。青年时期曾就学于莱比锡和布雷斯劳。1841年任马尔堡大学政府学（包括政治经济学）教授。1861年任耶拿大学教授。他创办和编辑了《国民经济学和统计杂志》。主要著作绝大部分是用于讨论他所激烈反对的社会主义和共产主义。他集中力量研究恩格斯及《英国工人阶级状况》一书，特别批评了恩格斯对当时工业状况的委婉的描述，并把它同表明完全不同情况的资料加以对照。希尔德布兰德以最乐观的态度看待资本主义的发展，并设想这样一个社会作为资本主义发展的最后阶段：所谓信用经济，在那里，一种先进的银行制度将按其道德和品格向工人提供信贷，从而将使资本家阶级对资本的垄断崩溃。他还从事统计的研究，把统计学看作是详尽研究历史和经验的重要工具，被称为唯一真正用历史主义方法写作的经济学家。

济发展的主要交换形式，将社会经济发展过程分为：①实物经济；②货币经济；③信用经济。值得注意的是，希尔德布兰德的"信用经济"阶段理论中关于"劳动"与"资本"关系的论述。根据他的观点，在"信用经济"阶段，劳动者可以通过"信用"获得借贷，并最终获得资本，避免被资本剥削的命运。希尔德布兰德从社会经济运行的基础（即信用机制），对社会经济发展阶段进行划分，对本书关于三阶段理论的划分具有重要参考价值。本书在后文中所提出的"信用资本化"理论，即受到了希尔德布兰德的启发。

二 发展经济学关于社会经济发展阶段的理论

发展经济学关于社会经济发展阶段的理论，主要是发展经济学先驱之一华尔特·惠特曼·罗斯托所提出的经济成长阶段理论。罗斯托从生产技术水平、主导产业、消费模式、经济发展战略等各个方面，对经济成长阶段进行了划分，提出了六阶段理论[①]：

第一，传统社会阶段。在这一阶段，现代科学技术还没有兴起；由于农业生产效率较低，大量资源配置在农业，以确保生产足够的农产品以解决温饱问题；工业以手工业为主，而且规模很小。在社会组织中起主导作用的是家族和氏族；生产力水平很低，增长速度很慢，在很长的一段时间内人均实际收入仅够维持生存。牛顿学说以前属于这个阶段。

第二，为起飞创造前提阶段。这是从传统社会阶段向起飞阶段转变的过渡阶段。此阶段，近代科学知识体系开始构建并完善，科学技术知识开始在工业生产和农业革命中发挥作用；金融业开始发展，并为新的投资提供资金；商业也随着交通运输业的改进而持续扩大。在这一阶段，农业生产率的提高具有基础性的作用，它既要提供更多的粮食来养活迅速增长的城市人口，又要为工业的发展提供资金积累和销售市场。在大部分国家中，农业产量的增长具有重

---

① 在1960年出版的《经济成长的阶段》一书中，罗斯托提出世界各国经济发展要经历的五个阶段，在《政治与增长阶段》（1971）一书中，又提出了新的第六个阶段，即追求生活质量阶段。

要意义，农业生产率能否提高到为持续增长的非农业人口提供粮食，决定着此过渡时期持续时间的长短。

第三，起飞阶段。此阶段阻碍经济持续增长的问题得到解决，增长成为各部门的正常现象。此阶段农业劳动力逐渐从农业中解脱出来，进入城市劳动，人均收入大大提高。罗斯托认为，一个区域一旦实现起飞，经济就可以"自动持续成长"了，因为较大的积累比例和较强的主导部门，会使经济发展所需要的资本、技术持续充足，所需要的原料生产与供给、交通运输、劳动力供给等问题也会随着经济本身的发展而得到解决。在一般情况下，起飞阶段将会持续30年左右。

第四，向成熟推进阶段。这是起飞后经过较长期的经济持续发展所达到的一个新的阶段。此阶段，经济中已经有效地吸收了当时技术的先进成果，并有能力生产自己想要生产的产品。新的主导部门逐步建立，代替旧的主导部门，国民收入中有10%—20%稳定地用于投资，社会技术能力开始构建。一般来说，铁路、建筑、钢铁工业以及大量使用钢铁的通用机械、采矿设备、化工设备、电力工业和造船工业等部门的发展，是一国经济"成熟"的标志。在向成熟阶段推进的过程中，成长所依靠的是对供给方面的投资，也就是靠对工业设备部门的投资，并由此带动了经济成长。

第五，高额群众消费阶段。此阶段工业高度发达，经济的主导部门转向耐用消费品的生产，社会对高额耐用消费品的使用普遍化。越来越多的资源用来生产耐用消费品；技术工人和城市人口的比重都比前阶段有一定提高；用来供社会福利和保障之用的一部分资源逐渐增大；人们的生活方式发生了较大变化。

第六，追求生活质量阶段。此阶段以服务业为代表的提高居民生活质量的产业部门成为主导部门。这些部门的特点是提供非物质性的服务产品，而非生产物质产品。在消费方面，居民追求时尚与个性，消费呈现出多样性和多变性，人类社会将不再仅以物质产量的多少来衡量社会的成就，同时还以劳动形式、环境状况、自我实现的程度来反映"生活质量"的高低。

罗斯托认为,"起飞"和"追求生活质量"是两个关键性阶段。而他关于"追求生活质量"阶段的划分,与贝尔的"后工业社会"理论,有很多相互启发之处。对于我们深入研究"服务经济"阶段的生产、生活、社会等各个方面的状况,具有重要的借鉴意义。

三 信息社会理论及其对社会经济发展阶段的划分

自20世纪60年代起,随着电子信息技术的兴起,很多学者开始研究信息技术对社会经济的影响。以此为契机,到20世纪70年代,美国学者马克·优里·波拉特(M. U. Porat)提出了系统化的"信息社会"的理论。① 他认为,人类社会从开始到现在,已经经历了三个最基本的经济生活阶段:渔猎社会(hunting and gathering societies);农业社会;工业社会。现在正在出现的社会是信息社会。波拉特的理论得到了很多学者的回应。著名学者托夫勒在《第三次浪潮》中将人类社会划分为三个阶段:第一阶段为农业阶段,从约1万年前开始;第二阶段为工业阶段,从17世纪末开始;第三阶段为信息化阶段。美国未来学家约翰·奈斯比特于1982年出版了《大趋势》,该书的副标题是"改变我们生活的十个新方向",其中第一个方向就是"从工业社会到信息社会"。在书中,他开宗明义地阐述了从工业社会向信息社会的过渡,并描述了信息社会来临的标志和基本特征。这些研究表明,"信息社会"的概念已在研究者中得到了认同。

信息社会是不是人类社会经济发展的终点呢?这个问题引发了很多研究者的关注。1996年,日本著名逻辑思维科学家大雄建村在《新思维革命》一书中率先提出"后信息社会"的概念。后信息社

---

① 1963年1月,日本学者梅卓忠夫在《朝日放送》杂志上发表了《论情报产业》一文,提出了"情报产业"概念,认为产业结构变动类似于动物进化过程,与信息流动、知识创造相联系的信息产业在农业、工业发展到一定水平后会迅速发展起来而成为社会的感觉器官、神经系统和大脑,推动社会前进。这与"信息产业"的概念也很相近。在梅卓忠夫发表了上文之后,日本掀起了研究与"情报产业"相关概念的一次热潮。1964年日本梅卓忠夫又提出了"信息社会"的概念。这是信息社会理论的起源。1977年,美国经济学家马克·优里·波拉特(M. U. Porat)在《信息经济》一书中,正式提出了"信息产业"与"信息经济"的概念,对信息社会理论进行了较为全面的考察。

会是从工业化社会进入信息社会25年以后开始出现的一种新社会经济形态。在"后信息社会"中，以开发和利用信息资源为目的的信息经济活动迅速扩大，逐渐取代工业生产活动而成为国民经济活动的主要内容。信息资源和智能资源已经在国家五大资源（物质资源，能量资源，信息资源，智能资源，生态资源）中占据主导地位，并在实现社会信息化和国民经济信息化的过程中起先导作用和战略作用。后信息社会的特征是哲思时代（哲学创新思维取代常规形式思维），创意经济，动漫产业，奇思妙想成为生活时尚和创意产业等。后信息社会的口号是掌握先进社会观念和先进思维方式而且会思考的人比拥有大量知识和专利文献的人更具有生存力和竞争力。

通过总结研究者的观点，可以将基于信息社会理论的社会经济发展阶段理论归纳如下：

第一，社会经济发展阶段可以划分为农业社会、工业社会、信息社会、后信息社会。[①]

第二，各个发展阶段具有不同的特征。

在农业社会（农耕时代），土地是最重要的生产要素，农业生产是最重要的经济活动；社会创新主要集中在家具、水利等方面的大规模创新。对基本生存需求的追求是社会最主流的价值理念。

在工业社会（机器时代），资本是最重要的生产要素，工业生产是社会的主流，以机器为主进行大规模的创新。对生产效率的追求代表了社会的价值取向。

在信息社会（网络时代），知识与信息成为最重要的生产要素，网络成为生活的一部分，主要创新体现在高新技术、信息技术等多方面。对个人生活体验的追求成为社会的主流价值观。

在后信息社会（哲思时代），创意成为最重要的生产要素，各种创意、哲思等层出不穷，个人创意生活成为一种追求。

---

① 关于后信息社会的概念，在经济学家中仍然具有争议，例如，泰斯卡尔就提出以网络社会的名字取代信息社会或后工业社会，参见《网络社会的崛起》。

信息社会理论是基于人类社会经济发展过程中最为重要的生产要素对人类社会发展阶段进行分析。以生产要素这一单一因素分析人类社会经济发展过程，虽然理论结构非常简明，但是，对社会经济发展的分析深度仍不够。该理论将信息视为现代社会的一种重要生产要素，是值得在研究中加以重视的。

四　后工业社会理论

后工业社会的概念源于瑞斯曼（Riesman）。贝尔是对"后工业社会"理论进行系统论述的第一人。[①] 贝尔从四个维度对社会进行区分：资源、模式、技术与设计。他将社会经济发展划分为三个阶段：前工业社会、工业社会、后工业社会。贝尔认为，后工业社会主要是从物质生产转移到主要生产信息与服务。从整体上看，后工业社会形成了一个新的社会结构与人际关系的新规范。社会治理方法也出现了大的变革，由于知识的增值与确证是一个最主要的生产资源，因此，在非市场的福利经济形成过程中，市场规制的角色减少了。从本质上讲，后工业社会理论与信息社会理论并无本质区别。贝尔在1979年发表的题为《信息社会》的文章明确提出："即将到来的后工业社会，其实就是信息社会。"

与"后工业社会"概念密切相联系的一个概念是"后现代"。后现代是对后工业的一种扬弃。它包括一系列的概念，不单指经济与技术，还包括社会结构、社会伦理，因此，后现代比后工业主义更为复杂，是对传统（前工业）与现代（工业）的一种跨越。

后现代的核心观点包括对大量生产与大量消费的超越，代之以个性化的生产、极简主义消费。消费成为生产过程的延续，而市场原则也以后物质价值为主导，对社会规则的灵活运用，从组织化劳

[①] "后工业社会"概念最早由瑞斯曼（Riesman）于1958年在《后工业社会的娱乐和工作》中首次提出；贝尔则于1959年夏在奥地利的一次会议上首次公开使用，并进一步发展了它。1962年他撰写论文《后工业社会：推测1985年以后的美国》，强调智能技术和科学理论在社会变革中的作用，并认为这是后工业社会中最重要的特征；1973年正式出版了《后工业社会的来临——对社会预测的一项探索》一书，系统地研究了工业社会的未来，预测了发达国家的社会结构变化及其后果。

动力的运用到最大限度地使用工人的创造潜力。

五 知识经济理论及其对社会经济发展阶段的作用

1983年，美国加州大学的保罗·罗默在其博士学位论文中，对经济增长理论中的索罗范式进行了反思，在数学上避免了索罗模型所存在的"假设增长而增长"问题，对知识在增长过程中的作用进行深刻的分析。罗默把知识积累看作经济增长的一个内生的独立因素，认为知识可以提高投资效益、知识积累，因而是经济增长的源泉。该模型由于强调知识对长期经济增长的重要作用，因此，被视为知识经济的重要思想资源之一，也被称为"新增长理论"。由于"新增长理论"认为知识是一个重要的生产要素，它具有正的外部性，可以避免投资的边际效益递减，从而提供了长期增长的动力。"新增长理论"对以物质资本积累作为增长源泉的传统经济增长观是一次巨大的冲击。

1996年10月经合组织（OECD）在巴黎发表了《科学、技术与产业展望报告》，其中有题为"以知识为基础的经济"的专题，该专题中明确提出论断："人类正在迈进一个以知识资源的占有、配置为基础，进行知识生产、分配、使用为重要因素的经济时代。"就其本质而言，知识经济就是基于人类最新科技进步和知识精华，产品和服务中的知识含量日益成为市场竞争的焦点与关键，能够有效促进人力资本迅速发展直至占据统治（主导）地位，实现经济增长方式转变和产业结构升级的一种高度智能化的经济形态或经济发展阶段。

许多专家认为，知识经济是继农业经济、工业经济之后的经济形态，它将在21世纪世界经济中占据统治地位。与农业经济、工业经济相比，知识经济的主要特征有四个方面：（1）知识成为经济发展的主要驱动力，科技和信息代替资本和能源成为创造财富的主要资产；（2）生产知识的创新活动，如科学技术的发明、传播和应用，是生产率增长的关键，研发、教育、信息、通信等知识产业成为主导产业；（3）经济重心由实物型转向服务型，服务业在经济中扮演主要角色；（4）劳动力的素质成为知识经济的先决条件，以先进知识武装起来的劳动力成为决定性的生产要素。

与知识经济有着相通之处的一个概念是"知识社会"。"知识社会"的概念诞生于20世纪60—70年代，和"学习型社会"差不多同期产生，最早使用者是大学教师彼得·德鲁克（PeterDruker），在知识社会，知识、创新成为社会的核心[①]；相对于"信息社会"而言的，信息社会的概念建立在信息技术进步的基础之上，知识社会的概念则包括更加广泛的社会、伦理和政治方面的内容，信息社会仅仅是实现知识社会的手段；信息技术革命带来社会形态的变革从而推动面向知识社会的下一代创新（创新2.0）。

在知识社会里，每个人都要学会在信息海洋里来去自如，培养认知能力和批评精神，以便区分有用信息和无用信息，拥有新知识；知识社会也使得创新不再是少数科技精英的专利，而成为更为广泛的大众参与，推动了创新的民主化进程；知识社会作为网络社会必将更加关注全球问题：通过国际合作和科学协作，环境破坏、技术风险、经济危机和贫困等问题有望得到更好的解决；知识共享是知识社会的拱顶石，以大众创新、共同创新、开放创新为特点的创新2.0是知识社会的实质，而知识社会是人类可持续发展的源泉。

六　小结

社会经济发展是一个连续的过程中，正如马歇尔在《经济学原理》扉页所写的"自然不能飞跃"。林毅夫在其"新结构经济学"中提出：经济发展是一个连续过程，既不能像罗斯托那样将其划分为刚性的或特定的"阶段"，也不是经济学文献历来所假设的那样，仅为高收入国家和低收入国家所组成的两点分布，而是一个自低收入传统农业开始、历经各种中等收入的工业化过程、最终达到高收入的后工业化现代社会的发展过程。

因此，如何对这个连续的过程进行划分，是一个颇具争议的问题。就现有的理论来看，对社会经济发展阶段进行划分的理论主要关注的是，人类历史连续过程有哪些阶段，社会经济发展的每一个

---

① 关于德鲁克对"知识社会"的详细论述，参见后文关于资本主义未来的讨论。

阶段的特征是什么，每个阶段应给予一个什么称谓更为正确。

从整体上看，西方经济学者关于社会经济发展阶段的理论都是建立在其对社会经济的某一个或者某几个方面的认识。这导致西方经济学者关于社会经济发展阶段的认识非常复杂，相关的概念也非常多。这一点，或许与西方经济学理论正在进入碎片化阶段①有关系。

例如，后工业社会是一个被广泛认可的概念，但是，事实上，这个概念很容易给人们带来误解。正如泰斯卡尔指出的，"对于这种趋势，有的人称之为'后工业社会'，但这个概念容易使认识更加模糊，而不是帮助人们认清历史发展潮流。后工业主义认为，制造业不再是经济中心。这个观点本身就易受到质疑，而且即便可取，我们仍然需要弄清楚究竟是什么处在新的社会和经济动力的核心。基于这种观点（过分低估制造业的结构性角色和'后工业社会'的表述），后工业主义虽然承认社会存在重大变化，但并没有给出真正的阐释"②。

第三节 西方社会学者的社会经济发展阶段思想

社会经济发展阶段，在本质上是以经济发展为基础，涉及社会发展的各个方面，是一个复合性命题。因此，在其研究过程中，除了对经济学者的论述进行关注之外，还要对社会学者的研究进行关注。

---

① 斯坦利·L. 布鲁指出，16世纪"政治经济时代"开始取代"道德哲学时代"。之后，对政治经济的关注，使得经济思想的碎片形成系统的理论，产生了更有条理的经济思想。然而，我们也意识到这些早期思想碎片的开始，对经济学的产生起到了重要的作用。亚当·斯密及其继承者，开始了对经济学体系的搭建与完善，使经济学成为一个体系完备的系统化学科。进入当代社会之后，随着计量技术的进步以及大量数学方法引进经济学研究过程中，经济学研究又出现了碎片化。参见李勇坚《服务经济思想史》，工作论文。

② [美] 卡斯泰尔：《信息化城市》，崔保国等译，江苏人民出版社2001年版，第137页。

一 韦伯/波兰尼

1. 韦伯的社会经济发展阶段思想

韦伯关于社会进步的思路显然不同于马克思。马克思强调生产力以及与之相关物质生活的决定性作用。而韦伯认为，资本主义精神主要源于西方民族文化传统思想中的某些成分，再经过宗教改革所形成的新教伦理，并成为孕育近代理性资本主义的重要精神驱动力。[①] 也就是说，在韦伯看来，是先有了资本主义精神，然后才有资本主义的生产生活方式。韦伯深刻指出：近代资本主义扩张的动力，首先并不是用在资本主义活动的资本数额的来源问题，更重要的是资本主义精神的发展问题。韦伯坚持认为，资本主义精神具有自生性质，对于世界任何一个民族或者地区来说，只要形成了资本主义精神（以新教伦理为代表），这种精神会在社会中形成资本主义发展所需的资本和货币，这种资本主义发展中所形成的资本与货币，又成为强化资本主义精神的手段。换句话来说，不是有了充足的货币和资本，才会生发出资本主义活动，而是一旦创造财富的资本主义企业家精神具备了，他们会创造货币和资本。

按照韦伯的观点往前走，我们就会发现，社会经济发展阶段，与社会精神领域的状态有着直接的关系，非物质性的东西，如文化、伦理、精神等，对社会经济发展具有重要作用与意义，而且，在某种意义上，精神领域的东西，会对物质领域形成巨大的作用。因此，在研究社会经济发展阶段时，不能只局限于物质领域，而应该更多地针对精神领域的东西，厘清物质文明发展背后的精神动力与因素，才能做出更深刻的分析。

韦伯在其一系列著作中分析了精神领域对近代资本主义的产生与发展的重要意义，但是，他也认识到经济生活本身具有一定的发展逻辑与规律。韦伯认为，在从发生学上说明近代理性资本主义产生的独特性时，必须注意两点：一是新教伦理本身的发展会受到经

[①] 本节关于韦伯的思想，除了另有注明之外，均参见［德］马克斯·韦伯《新教伦理与资本主义精神》，广西师范大学出版社2010年版。

济因素作用的影响。他写道：这里我们仅仅尝试性地探究了新教的禁欲主义对其他因素产生过影响这一事实和方向，尽管这是非常重要的一点，但我们也应当而且有必要去探究新教的禁欲主义在其发展中及其特征上又怎样反过来受到整个社会条件，特别是经济条件的影响。二是在考察近代资本主义发展诸要素的作用时，既要看到法律和行政机关的理性结构具有毋庸置疑的重要性，但又必须首先考虑经济状况，因为我们承认经济因素具有根本的重要性。

在同时考虑到精神领域与经济生活的情况下，对社会组织结构（在韦伯那里，主要是指一种合法性状态或威权状态）的考察也成为社会经济发展阶段的一个重要方面。韦伯认为社会发展经历了三种威权状态（合法性状态），即克里斯玛型、传统型、法理型。我们认为，这三种合法性状态，与社会生产模式有着紧密的联系。一般情况下，前两者（克里斯玛型、传统型）所适应的社会经济形态是产品经济，而后者所适应的是商品经济。当然，这一认知也不能完全绝对化。

韦伯基于其资本主义精神作为资本主义发展的重要前提的思想，指出了中国社会不能发展出理性资本主义（大规模商品经济）的原因，即理性经济及技术和中国传统文化难以相容。他断言："在时占师、地相占卜师、水占师和气候占卜师统治下的异端教义（道教）的魔园中，现代西方式的理性经济与技术受到了绝对的排斥。"[①]

综上所述，站在韦伯的立场，不能把社会的精神层面与物质层面割裂开来，社会心理结构与社会物质生活是相辅相成的，社会经济发展阶段不仅包括物质方面，更包括精神方面。

2. 波兰尼的社会经济发展阶段思想

波兰尼关于社会经济发展阶段思想的独特性在于，波兰尼认为，要站在将社会经济视为一个统一的系统的视角，才能完成对社会经

[①] ［德］马克斯·韦伯：《儒教与道教》，王容芬译，商务印书馆1995年版，第279页。

济发展阶段的研判。这是波兰尼"嵌入"理论的核心。①

第一，经济—社会—文化关联的制度分析范式是社会经济发展阶段分析的出发点。

基于这一点，波兰尼创造性地提出了区别于主流经济思想的制度分析范式、分析框架与分析方法。他认为，应从经济、社会、文化及自然环境的互动中，探索人类社会可持续发展的社会经济模式。②

波兰尼提出的一个核心命题是，经济发展可持续性的关键在于，经济与社会关系、文化传统及资源环境约束保持内在关联和有机协调，脱离和背离社会文化约束的资本主义市场经济，最终难以避免走向危机的归宿。在波兰尼看来，经济是一个制度化进程，是嵌入特定社会结构、历史传统和观念文化体系之中的动态过程。因此，在对社会经济史进行分析时，需强调把经济—社会—文化关联的制度分析范式，作为衡量社会经济可持续发展模式的一个重要尺度，把经济视为社会发展进程的一个有机组成部分，而不是脱离社会环境的孤立存在。对市场机制作用的分析，应该从社会关系、自然环境、人类多元文化关联互动的角度来分析市场机制的作用。他指出：人类经济是嵌入制度、经济及非经济的环境中。宗教和政府在经济的结构和功能上其重要性并不亚于货币制度或生产工具的创新。

在社会经济发展过程中，文化传统及价值观念对制度演化、经济发展的持续影响作用不容低估。波兰尼认为，前工业化社会长期存在的互惠模式（Reciprocity）、再分配模式（Redistribution）和家计（Houshold）模式，是深深植根并嵌入特定社会结构和社会关系，并在长期的历史进程中自然演化的结果。只有到了近代，以货币为媒介的市场交换模式才成为占主导地位的交换模式，资本主义市场

---

① 以下内容参见［英］卡尔·波兰尼《大转型：我们时代的政治与经济起源》，浙江人民出版社2007年版。

② 具体分析可参见林义等《卡尔·波兰尼的社会经济思想及其当代价值》，http://www.studa.net/jingji/100506/16350188.html。

经济成为凌驾于社会关系之上,成为主宰社会发展的强有力的机器。然而,在波兰尼看来,这种自我调节的市场机制是一种非嵌入性机制,社会领域与经济领域处于不同步状态(即波兰尼所谓的"脱嵌"),在社会发展的长期过程中必然会导致人与人之间社会关系的加速恶化,导致人与自然环境的加速恶化。波兰尼科学地预见到,这种近代出现的自我调节市场机制必然导致社会人力物力的巨大消耗,必然会导致人类生存环境的恶化。从发展阶段上,波兰尼较早地揭示出资本主义市场制度与社会可持续发展的内在不协调性,与自然、生态和人类生存环境的内在不协调性,其最终难以长期存在。

第二,"嵌入"理论(Embeded)是分析社会经济发展阶段及其动力机制的重要手段。

基于将社会经济作为一整体加以研究的视角,波兰尼提出了"嵌入"理论(Embeded)及其分析框架。这是他对当代社会经济思想的一个重要贡献。他认为:经济是"嵌入"特定社会关系和社会网络之中的。人不仅作为其物质财富和个人利益的卫士,而且作为其社会角色、社会需求及社会资产的卫士。无论是社会生产还是交换过程,并非单纯的经济利益关系,而必须充分考虑诸多社会因素。在社会发展进程中,在人、自然与社会环境的互动中把握人类经济活动的本质,应当构成研究的起点。在波兰尼看来,经济是一个制度化进程,把握经济嵌入社会关系及其演化的规律极为重要。然而,19世纪以来在西欧出现的以自我调节的市场为主导的市场经济体制,则是人类有史以来在机器生产方式推动下出现的一次大转型。对于自我调节市场经济这种非嵌入经济体,如果一旦市场机制成为人类命运的主宰,成为自然环境乃至购买力使用的唯一主宰,那么,它将彻底毁灭这个社会。波兰尼的"嵌入"理论为我们科学地分析经济社会运行机制提供了一种创造性的分析框架和一种新的方法论原则。

第三,波兰尼的"双重运动"(Double Movement)理论是对社会经济互动与文明演化的深入研究。

波兰尼的"双重运动"理论（自我调节的市场运动与社会保护运动，或者称之为市场经济与社会结构）是他分析资本主义文明演化及特征的核心框架，"双重运动"构成了社会经济互动与演化的内在动力。

与历史上"嵌入"于社会的经济关系不同，自发调节的市场体系是与社会"脱嵌"的，它在逻辑上要求社会从属于市场，正如波兰尼指出的，与一种自身特有的动机——交换或交易的动机——相联系的市场模式，是能够创生一种特定制度的，这种制度就是市场。从根本上讲，这正是由市场控制经济体系会对整个社会组织产生致命后果的原因所在：它意味着要让社会的运转从属于市场。与经济嵌入社会关系相反，社会关系被嵌入经济体系之中。经济因素对社会存续所具有的生死攸关的重要性排除了任何其他的可能结果。在这种"脱嵌"的社会关系中，"获利"成为支配性的动机，成为一种至高无上的文化法则，一种普遍化的社会意识形态。原来只在经济领域内才能发挥作用的市场原则，如今被运用于整个社会之内，除了经济领域，并在政治、文化和社会各领域都将毫无例外地发挥巨大的作用。这一转变从根本上颠覆了市场和社会两者的关系，其后果，不仅使市场脱离于既有的社会制度及文化传统约束，而且使市场成为全部社会生活的主宰，使社会的运转从属于市场。社会所有行为和活动都需要服从于经济价值与市场的操纵，由此造成社会、文化、经济、政治等领域关系的错位，从而导致了19世纪以来"我们"时代的根本变革。在另一方面，直接对抗自我调节市场的社会保护运动必然兴起。

第四，波兰尼实在主义的社会经济思想是对经济社会阶段进行分期的思想渊源与方法论。

自亚当·斯密以来的经济学分析范式，将人从纷繁的社会关系中解析出来，建立了抽象的"经济人"的概念。经济学的任务，是从原子式的"经济人"的抽象概念出发，研究人们在约束条件下的经济行为及其理性选择过程和逻辑推理基础。波兰尼不认同这种分析范式，他认为这是一种形式主义的分析范式，忽略了人与自然环境及社会环境之间的互动作用。在社会经济分析中，需要倡导实在主义的社会经济学分析框架。① 他据此指出，经济的实在的含义基于人类赖以生存的环境及其人们之间相互联系的社会关系，它是指人与自然环境和社会环境的互换关系，在此意义上提供满足人们物质需要的方法与手段。唯有在实在主义社会经济学的研究范式中，才会更加重视对历史进程的分析，更加重视对不同文化背景下经济发展方式的比较制度分析。

波兰尼的社会经济发展思想中，还有一点对于我们的研究具有重要启示。就是他关于文化在社会经济发展中重要作用的思想。波兰尼对文化的重视，与韦伯有着相似之处，但也有不同之处。波兰尼侧重于从文化人类学的视角，对文化与社会经济的互动进行研究。波兰尼认为，经济发展不可能在社会空谷中运行，而是在长期形成的社会文化环境中运行。社会安排与文化特性在经济发展、制度形式、行为方式等方面起着关键性作用，对于经济的制度化进程产生深远的影响。因此，需要从文明、文化变迁及文化比较中透视经济社会的制度化轨迹。而韦伯更加强调社会共同信仰对社会经济形成与演化的作用，这是二者的不同之处。

二 现代主义/后现代主义

现代主义和后现代主义并非以时间界限来划分的，它们是两种取向或两种方法论。这是基于突破传统的视角，对社会经济思想文化整体进行审视。

现代是指世界在内容上超越了自己的过去，突破了传统社会的主客观机制，不为传统、习俗、习惯、惯例、期望和信念所禁锢。② 但是，现代作为以某种方式对以前的突破，并非意味着当今的人们与传统断裂；相反，无论从人的生存的环境、社会关系的制度安

---

① 在波兰尼看来，经济通常以两种方式解读，一种是建立在目的与手段逻辑关联分析基础上的形式主义（formal menglings）范畴，另一种是建立在人类生存环境基础上的实在主义（substantive mengling）范畴。

② [英] 克里斯多弗·皮尔森：《现代性——吉登斯访谈录》，尹宏译，新华出版社2001年版，第15页。

排、人的生活方式,还是人们的主观经验和对世界的理解,都不可能就此脱胎换骨。现代性是现代社会或工业社会的缩略语,它的内容包括:"(1)对世界的一系列态度,关于现实世界向人类干预开放的观点;(2)复杂的经济制度,特别是工业生产和市场经济;(3)一系列的政治制度,包括民族国家和民主。"① 现代性的这些简单含义使得它与以前社会相比,活力大大增加,它永远向着未来开放。

在利奥塔德的视野中,"现代性"是指一个社会中的知识话语活动可以参照某种宏大叙述,建构起自圆其说的一套游戏规则,从而使这种知识话语具有合理性。按照哈贝马斯的观点,"现代性"就是自己给自己确定原则,而不需要依仗任何外在的权威叙事来为自己的存在取得合理性或合法化。吉登斯对现代性制度进行了专题研究,认为现代性特指的是西方世界在20世纪日益成为世界历史性的制度和模式,也就是"现代"社会和"后传统社会"的特有制度。主要有四个方面:一是"工业化的世界"。工业主义不仅体现出生产过程中巨大的物质力量和机械力量,而且还蕴含着人们在生产过程中特有的社会关系。二是资本主义,它是指包含着竞争性的产品市场和商品化过程中的商品生产体系。前者是制度的自然轴,后者是制度的社会轴,两者都是现代性制度的"组织类型"。三是监控,这里他借用了福柯(Michel Foucault)的概念,认为监控是进行社会控制、保持社会秩序的必要手段。四是对暴力工具的控制,他认为,军事力量始终是前现代文明的主要特征,在那些文明中,政治的不稳定常常是源于军方的不稳定,而现代国家仍然是民主国家,因此对暴力工具的成功垄断是非常必要的。

后现代主义(post-modernism)是20世纪后半叶在西方社会流行的一种哲学、文化思潮。对后现代主义的含义众说纷纭,目前并没有形成一个统一的定义,它在不同的领域有不同的体现。后现代

---

① [英]克里斯多弗·皮尔森:《现代性——吉登斯访谈录》,尹宏译,新华出版社2001年版,第94页。

主义并不是一种统一的思想范式或流派，而是一种文化潮流以及知识态度和生活态度，是通过对现代主义、现代性的解构展现其基本脉络的。其实质就在于"重写现代性"。

（一）后现代主义的界定和存在形态

对于后现代的概念，我们可以在不同的维度上来理解。

（1）作为一种社会历史的分期。后现代是指西方现代社会之后的所谓"后工业社会"。20世纪中期以后，大部分发达资本主义国家已经完成工业化的任务，进入了所谓"后工业社会"或称信息时代，也就是后现代的时期。

（2）作为一种社会思潮。后现代反映了人类在现代社会中的感受及其反思。现代社会是一个物质和技术至上的时代，人的自由和自主受到了压抑；现代社会尽管取得了前所未有的物质成就，但这一切是以破坏人类的生存环境与和平理想为代价的。因此，后现代思潮是对现代社会的反思。

（3）作为一种哲学流派。后现代哲学是对17世纪以来西方"启蒙哲学"的批判。现代主义哲学发端于17世纪的启蒙时期，西方的现代性是由启蒙精神培植起来的，以"理性"为旗帜。在后现代哲学看来，现代性片面地理解了人的理性——将其归结为一种纯粹理性，相信人具有获取永恒真理的能力；同时滥用了人的这种理性，使知识等级化，也使人等级化。后现代哲学的特征就是反体系，即反对任何人为设定的理论前提和推论。反体系性的结果使后现代主义者放弃了现象与本质、主观和客观之间二元对立的看法，放弃了对事物本质和真理的追求，而重视现实图景的表象和枝节。同时，由于放弃了对事物本质的追求，后现代哲学也不再承认权威的存在，它放弃了指向中心性的交流和共识，而走向差异和多样化。

大卫·格里芬在其《后现代科学》中就曾把后现代主义分为解构性的后现代主义和建设性的后现代主义两种。解构性的后现代主义其理论的主要特征是怀疑性和否定性，反对任何假定的"唯一中心"、"绝对基础"、"纯粹理性"、"等级结构"等，目的在于摧毁传统的封闭、简单、僵化的思维方式。建设性的后现代主义其最大的特征在于建设性，倡导开放、平等，注重培养人们"倾听他人"、"学习他人"、"宽容他人"、"尊重他人"的美德，鼓励多元的思维风格，倡导对世界的关爱、对过去和未来的关心，提倡对世界采取家园式的态度。

（二）后现代主义的基本特征

后现代主义通过对现代主义的批判，可从两方面体现其基本特征。

1. 从内在规定性上看后现代主义的特征

后现代主义与现代主义具有明显对立性。现代主义的规定性特征主要有如下四个方面：（1）对科学和技术压倒一切的信仰和信任；（2）推崇科学技术的正面效果；（3）认为发展是必然的，是现代思维希望的结果；（4）认为概念、公式、观点等总是稳定的，寻求知识的明确表征。

后现代主义的规定性特征主要有如下四个方面：

（1）信仰多元性，多重价值观；（2）对技术的效果进行多方面审视；（3）审视发展是否总是必然的，代之以多种标准加以审视；（4）认为知识的状态随着社会进入后工业时代以及文化进入后现代时代而改变着。

2. 从处理"过去"、"现在"、"未来"三者关系上看后现代主义的特征

后现代主义在处理"过去"、"现在"、"未来"三者关系上具备两面性、折中性、解释的多重性三个特征。后现代主义在超越过去的同时又面对过去，具有两面性；后现代主义"对传统予以选择和组合，将那些过去与现在之中对当前工作最有关的要素折中起来"，即具有折中性；后现代主义"面对过去是为了在未来的观点中编织过去的痕迹"，即具有解释的多重性特征。后现代主义强调对过去和现在关心，未来是从过去、现在而来的，要总结过去、立足现在，才会发展未来，是一种开放式的时间观。

三　卡斯特：网络社会

20世纪90年代以来，美国的国际知名社会学家曼纽尔·卡斯特发表了著名的网络社会三部曲——《网络社会的崛起》[①]、《认同的力量》、《千年终结》，从历史、社会和经济等方面对信息化问题进行了综合分析，特别描述了一种新型的"信息资本主义"的来临，资本主义正在被强化，一种带有个体色彩的、分散的资本主义正在诞生。

卡斯特认为，技术变革正在改变着人们生活的基本范围：时间和空间，它提高了人们工作时间中的生产效率又消除了空间距离。他根据知识运用到生产过程中的方式，对社会经济阶段进行划分。他写道：换句话说，在前工业化发展模式中，知识被用来引导大量劳动力在生产方式之中流动；在工业化发展模式中，知识被用来提供新能源并据此重组生产过程；而在信息化发展模式中，知识又将新生成的知识变成生产力的主要来源，这就是生产力这一因素作用于生产过程中别的因素及其相互联系的结果。每一种发展模式都有既定的整体目标和运作原理，从而与技术过程有机地结合在一起。工业化的目标是经济增长，即最大的产出。信息化的目标是发展技术，即知识的无限积累，因为更高水平的知识意味着更多的产出，这也就是在信息化发展模式下，对知识本身的追求和积累的动因。[②]

在随后出版的《千年终结》中，卡斯特指出，"工业主义"是一种发展方式，其生产力的主要来源是生产要素、劳动力和自然资源，伴随着新能源的运用在量的方面不断地增加，而所谓的信息主义（informationalism），也是一种发展方式，其生产力的主要来源是以知识和信息为基础，把生产要素的结合与使用加以极优化的质的

[①] 第一卷《网络社会的崛起》出版后，安东尼·吉登斯（Anthony Giddens）在书评中推崇本书之于信息化社会，犹如一个世纪前马克斯·韦伯（Max Weber）的《经济与社会》（*Economy and Society*）之于工业社会。参见［美］曼纽尔·卡斯特《网络社会的崛起》，夏铸九等译，社会科学文献出版社2001年版，第3页。

[②] ［美］卡斯特：《信息化城市》，崔保国等译，江苏人民出版社2001年版，第10—11页。

能力。信息主义的崛起是和一种新的社会结构不可分割的,那就是网络社会(见第一卷,第一章)。20世纪最后25年的特色是由工业主义到信息主义,由工业社会到网络社会的转型,就资本主义和国家主义而言都是如此,其过程伴随着信息技术的革命。[①]

四　小结

很显然,社会学家对社会经济发展阶段的认识,与经济学家的视角有着不同之处。社会学家更多地重视社会的精神领域,强调将社会的经济、制度、心理结构、文化、治理模式等作为一个整体,在对待技术进步方面,也强调将技术进步作为社会变革的一种推动力量,而不是单纯强调技术对生产率的促进作用。基于这些前提,社会学家在划分社会经济发展阶段时,使用了不同的标准,也得到了与经济学家不同的结论。例如,韦伯更加强调社会文化心理结构与精神状态对经济生活的意义,并据此对社会经济发展阶段做出评判。波兰尼则强调社会对经济的嵌入,他认为不能脱离社会的状态,而将经济单纯剥离出来。后现代理论则将文化心理结构从生活现实中进行剥离,强调在新的社会状态下的生存状态。这种理论表现在对各种精神生活的渗透以及对文化层面的解构,在本质上是对文化的一种解读,将其作为社会经济发展阶段,尚有不少差距。

第四节　关于未来社会经济发展的理论研究

前文所分析的"信息社会"、"后工业社会"、"知识经济"等理论上的社会形态,都是当前社会里已经出现端倪的社会经济形态。令人感兴趣的一个问题是,在未来社会经济高度发达之后,社会经济形态会出现什么样的变化?是不是与现有的阶段(不论如何称谓这一阶段)有着显著区别?在这方面,有研究者进行了深入研

[①] [美]曼纽尔·卡斯特:《千年终结》,夏铸九、黄慧琦等译,社会科学文献出版社2002年版,第5页。

究，但其观点存在显著差异。

一 吉登斯：后匮乏经济社会

1995年，吉登斯出版了《丰裕、贫困和后匮乏社会思想》，提出了旨在超越贫穷的"后匮乏社会"设想；他认为，在后匮乏经济时代，工业生产力已经发展到足以满足人类的需求，物质产品极度丰富，日常生活中物质必需品不再匮乏，这样，大量的消费品，给人的感觉是符号商品，对广大群众而言，物质问题似乎不再存在。站在吉登斯的立场，后匮乏不等于"不匮乏"，而是指"丰富的普遍化"。[①] 从总体上看，物质匮乏是人类社会一直面临的最大难题之一，大到贫困国家的粮食短缺、发达国家的能源紧张，小到巧妇难为无米之炊、灾民衣不蔽体。经济匮乏总是不可避免的，即使到了后匮乏经济时代，社会也不可能消除所有的物质匮乏。在这里，后匮乏只是一种可能性，后匮乏社会的实现，面临的已经不是简单的扩大生产、增加财富的问题了，而是如何更好地满足个性化的需求。

第一，"后匮乏经济"。人类进入现代社会之后，随着全球化的不断深入，市场经济使全球居民卷入同一竞争平台，这种境况的出现，有可能导致大规模贫困的出现。吉登斯认为，我们已无法再像解放政治那样，力图通过增加财富的方式来解决大规模的贫困问题，必须建立一种全新的观念，以"后匮乏经济"的方式来解决这一问题。"后匮乏经济"不是马克思所设想的没有匮乏的共产主义社会。不论在什么社会和时代，稀缺总是有的，经济匮乏总是不可避免的。面对这种情况，走出匮乏的根本在于转变观念，即不要把经济增长作为唯一目标，在综合考虑财富积累与生活质量之间关系的基础上，社会成员以一种理性的方式选择其合意的一面，使生活质量和超越匮乏有机地结合起来。在吉登斯看来，在当前的社会经济条件下，"后匮乏经济"似乎表现出乌托邦性质，但它的出现并不是毫无理由，而是基于人类对需求问题重新认识之后所出现的一

[①] 参见［英］安东尼·吉登斯《失控的世界》，周红云译，江西人民出版社2001年版，第116页。

种新状态。"生活政治越接近政治议程的中心,就越有理由思考'后匮乏社会'的兴起。"①

第二,"对话民主"。对话民主是对投票民主的一种扬弃,也是民主理论研究的一个新方向,它体现了民主理论的研究从以投票为中心向以对话为中心的转换,与西方投票民主实践的现实困境紧密关联。吉登斯正是站在对话民主的视角构建了其生活政治观。他认为,第二次世界大战后兴起的解放政治体现的是二元对立思维。这种政治观将使社会陷入对立,一个问题的解决总是导致其他更严重问题的出现。要避免以"对立"的方式解决社会问题,需要引入"对话民主"的理念与模式。对话不仅是消解对立和隔阂的重要途径,而且是在传统、宗教等纽带日益消解的条件下,社会成员达成共识的必要环节。吉登斯的对话民主思想主要有三个方面的含义:首先,在对话民主的基础上,强调社会个体之间的信任、自主、交往和对话。"协商民主指的是这样一种情况:那里有发达的交往自主权,这种交往构成对话,并通过对话形成政策和行为。"② 其次,在对话民主的范围上,它涵盖了国内政治、亲密关系、社会团体、跨国组织和国际关系等领域。最后,在对话民主的结果上,对话并不一定要达成共识,它本身就有价值,它为相互容忍、相互理解奠定了基础。对话民主将使全球性的贫困或匮乏问题在一个新角度下得到解决。

第三,"生态政治"。解放政治创造了"人造的空间"和"后传统的社会",但它们给人类所带来的并非富足、安全和确定性,而是各种生态灾难和人为风险。如何解决这一生态灾难,很多思想家提出了各类节省资源(或者依赖科技进步,或者减少消耗,诸如此类)的解决方案,吉登斯以其生活政治化的理念,提出了"生态政治"的设想。在他看来,号召当今社会的人们像古人那样重新回到自然或传统的怀抱中去是不现实的(例如,罗马俱乐部的构想),

---

① [英]安东尼·吉登斯:《失控的世界》,周红云译,江西人民出版社2001年版,第116页。
② [英]安东尼·吉登斯:《超越左与右——激进政治的未来》,李惠斌、杨雪冬译,社会科学文献出版社2000年版,第119页。

问题的关键在于转变人们对自然和传统所持的思想。生态政治表现在两个方面：一是接受"人造空间"和"后传统"的社会现实，对于这些问题，既要享受其带来的便利与富足，又要正视其所带来的问题；二是必须以"我们应当如何生活"为原则，调整人类对自然和传统的态度，使人类生活重新道德化，培养对自然的敬畏之情，感受传统的神圣意义。从前者看，它是对自然和传统的消失的承认，因而是一种损失；从后者看，重新道德化的生活方式又实现了它们的恢复。只有损失的同时恢复，才是解决生态问题的有效方案。他指出，"生态政治是一种损失政治——是自然的损失、传统的损失——但也是恢复政治"[①]。

第四，"自我认同的政治"。在晚期现代性条件下，自我认同既被现代性社会所形塑，也深刻影响了全球社会的发展。因此，必须充分重视个人生活对社会所造成的影响。现代科技高度发展，赋予了人类更多选择的权利，例如，在人类可以选择其性别、生育和身体造型等方面，这些选择的权利，与传统社会有着本质的区别，挑战了人类多年形成的道德、伦理和人权等诸多标准或理论，对人类种群的繁衍产生了不可估量的影响。自我认同的政治在于使个人生活方式重新道德化，把被解放政治所控制的道德问题重新赋予重要性。以生殖领域为例，克隆技术的兴起完全可以把生殖问题变成纯粹机械的现象和人为的过程，但是，这一过程的机械化，使人类的本质受到了怀疑，会导致与人类相关的伦理问题、人权问题，在哲学层面也会引起争议，生育选择、繁衍的人为化等，使人类的种群发展模式受到了挑战。由于生育模式的变化，使个人存在的意义变得可以忽视，人类对自身存在的价值难以形成一个新的认同，因此，必须唤起人类对自身存在的重视，将道德观念重新根植于人类生活的中心，使个人生活道德化。

通过对吉登斯关于"后匮乏经济"思想进行分析可以看出，在

---

① ［英］安东尼·吉登斯：《超越左与右——激进政治的未来》，李惠斌、杨雪冬译，社会科学文献出版社2000年版，第239页。

吉登斯看来，"后匮乏经济"作为社会经济发展的一个阶段，其核心并不完全是物质生产的极大丰富，站在人类思维的立场，现代科技在满足人类生活需求的基础上，必然带来其他问题。因此，"后匮乏经济"在本质上是一种理念，一种关于如何看待人与人之间的关系、人与自然的关系、人与物质关系的理念，也就是要将个人的道德观念重新放入社会生活的中心。这种理念的转变，将使人类社会进入一个新的阶段。

二 对资本主义社会未来的思考

对社会经济发展阶段的另一个思考是：资本主义社会的未来是什么？经典理论认为，资本主义社会之后，社会将经过革命而进入社会主义。但是，随着社会的不断演化，人们对资本主义未来进行了更多思考。在这一点上，西方马克思主义者、西方左翼激进学者和西方自由主义学者等之间的观点存在着显著差异。

从学者研究的视角看，很多学者从不同的视角对当代资本主义进行了审视，并在此基础上，对资本主义的未来进行思考。美国学者丹·希勒用"数字资本主义"来形容信息技术在当代资本主义生产力中的日益显著的重要地位；英国学者苏珊·斯特兰奇用"赌场资本主义"来比喻当代资本主义社会的风险性和投机性；美国学者爱德华·勒特韦克用"涡轮资本主义"来描述当代资本主义的发展使一部分人成为赢家，而更多的人则沦为社会发展的代价；美国学者阿里夫·德里克用"全球资本主义"来描绘当前世界中由于资本主义生产方式和自由市场经济的全球化而产生的各种不公正现象；埃及学者萨米尔·阿明用"新帝国主义"来描述帝国主义在全球化时代所发生的形式与内容的最新变种并指出资本主义国家逐步地使发展中国家处于从属其统治的地位；法国学者让·克罗特·德罗奈用"金融垄断资本主义"来说明继国家垄断资本主义之后，资本主义进入了一个新的历史阶段，金融垄断成为突出特征。针对资本主义后福特时代的消费形式多样化，有人用"消费资本主义"来表达当代资本主义利用消费对人进行全面统治的不满。

一部分学者对资本主义的未来充满了信心。

美国学者弗朗西斯·福山在其具有全球影响力的著作《历史的终结及最后之人》[①]一书中，明确提出了"科学方法的发现从根本上把历史划分为有先后次序的并且不循环的各个阶段，自然科学一旦被发现，它的进步和不断被发展为解释后来历史发展的许多方面提供了一个有方向性的'历史机制'"。福山认为，资本主义的未来，将在自由民主制、自由市场经济制度与科学技术进步的支撑下，获得持续发展的动力，也就是说，历史已经终结。

当代著名的管理学大师德鲁克曾从管理革命的视角，提出了资本主义之后的社会阶段的设想。在其出版的《后资本主义社会》[②]一书中，德鲁克从社会、政体、知识三个部分描述这个新的社会阶级关系的变化、国家职能的变化以及国家之间的新的组织、结构的建立。他认为，发达国家通过生产力革命、管理革命而进入知识社会。在这一阶段，资本家被职业经理人所取代。社会阶级的划分不再是"资本家与无产者"，而是"知识工作者和服务工作者"。在知识社会中，社会中的主要资源是知识，而非工业资本主义时代的资本及自然资源。在这一过程中，核心的问题是管理革命，即管理人员或者从事知识工作的人，已经超越蓝领工人，而成为社会阶层的主流。据此，他认为，资本主义的未来要依据"后资本主义社会"的发展情况来定。

Umair Haque 所著《新资本主义宣言》一书中提出，在互联网经济时代，工业资本主义时代以短视与自私为基础的商业伦理将被取代，从而进化为分享经济时代。

但是，更多的学者对资本主义未来仍抱疑虑。

美籍奥地利经济学家和社会学家熊彼特在《资本主义、社会主义和民主》一书中，依据资本主义社会心理状态和社会结构变化，对资本主义的未来进行了分析，他提出，资本主义文明发展的自身隐含着很多毁灭资本主义的因素，资本主义的未来将是一个全新的

[①] 参见［美］福山《历史的终结及最后之人》，中国社会科学出版社 2008 年版。
[②] 参见［美］彼得·德鲁克《后资本主义社会》，上海译文出版社 1998 年版。

社会。熊彼特的这种预言影响了很多人。美国学者贝特尔·奥尔曼似乎也持相似的看法,他将当代资本主义形象地比喻为一架每小时飞行600英里但却迷失了方向的客机。奥尔曼认为,从整体上分析西方资本主义,应当从三个"太多"(too much)着手,即资本主义国家有太多的资本、太多的商品、太多的失业工人,这些都与资本主义制度相关,也是资本主义走向崩溃的因素。资本主义正在走向以金融投机为特征的赌场化。以美国为例,越来越多的商人不再从事产品制造,而是把大量投资用于制造可以进行各种赌博的机器;大量生产者的主要业务不再是生产产品,而是以各种途径创设证券;消费主义盛行,消费文化成为社会的主流。因此,资本主义似乎不可避免地走向崩溃。[1]

墨西哥学者海因兹·迪德里齐认为[2],随着资本主义的全球化不断深入,资本主义面临着越来越多的矛盾,但是,资本主义的领导阶层——资产阶级,在处理全球资本主义所带来的大量经济、社会、政治和生态问题方面,缺乏有效的措施与手段。他们所提供的方案,都在资本主义的框架下进行修修补补,这些修补并没有在本质上解决资本主义的问题,人们对资本主义解决自身问题的能力日益失望,难以让人感到希望。他指出,在全球资本主义的内部,经济、政治和意识形态等正普遍地处于动荡之中,各种人群都在"痛苦地寻找未来的出路",但这已无法改变资本主义必然灭亡的命运。

英国学者锡德尼·维伯在与其夫人比阿特里斯·维伯合著的《资本主义文明的衰亡》中认为,资本主义社会里穷人的贫困、收入的不平等和个人自由的悬殊是资本主义的祸害,这与资本主义剥夺了人们生产工具所有权密切相关。资本主义制度在增加国家财富方面,虽有过初期的成功,但结局还是失败。因此,资本主义"不只是违反了它自己所抱的目的,并且由于它完全依仗着占有者个人

---

[1] 《美国奥尔曼教授认为当今西方资本主义正在走向崩溃》,《国外理论动态》1995年第1期。

[2] [墨]海因兹·迪德里齐:《全球资本主义的终结:新的历史蓝图》,人民文学出版社2001年版。

金钱掠夺的动机,变成了国民道德与国际和平的敌人,并且事实上也成了文明本身的敌人"①。

瑟罗认为,从整体上说,资本主义经济的发展形势不容乐观。在《资本主义的未来》②一书中,瑟罗指出,资本主义制度是一种创造了巨大历史功绩的制度,这种制度为人类社会进步提供了史无前例的效益和技术,但是,由于资本主义立根于经济利益,只有贪得无厌,而无其他指导思想,因此,资本主义的未来将面临着其自身所创设的繁荣的挑战。从根本上说,资本主义制度所缺少的是一整套能够把公民凝聚起来的共同目标和价值观。从深层次上说,资本主义价值观与资本主义本身格格不入,资本主义的成败取决于它所做的投资,而资本主义宣扬的理论则是消费。

瑟罗认为,当代世界经济正处于"间断性平衡"(punctuated equilibria)③时期,该时期中,各种新资本主义体制所面临的困境归因于资本主义的"短视症"。资本主义注重于促进消费,资本家只有短期投资的视野,看不到眼前的需要和短期的利益就不会去投资,而现代科技和人工智能产业的发展要求人们有长期投资的视野,必须进行长线投资。为了应付未来的挑战,资本主义应该在多方面进行变革。在价值观念上,应该用"建设意识形态"(builder's ideology)取代"消费意识形态"(consumption ideology);在社会方面,个人和企业必须增加储蓄,减少消费;在政治领域,政府必须发挥更积

---

① [英]锡德尼·维伯、比阿特里斯·维伯:《资本主义文明的衰亡》,上海人民出版社2005年版。

② 参见[美]莱斯特·瑟罗《资本主义的未来:当今各种经济力量如何塑造未来世界》,东方出版社2004年版。

③ 所谓"间断性平衡"(punctuated equilibria),是瑟罗从生物进化学中借用来的术语。在生物进化的历史中经常出现物种的绝灭,比如恐龙、菊石、三叶虫等。一些古生物学家如哥尔特(Stephen Jay Gould)和埃尔德列(Niles Eldredge)据此提出了他们对进化的新认识。他们认为,物种在绝大部分时期内一直保持形态稳定不变,而在某个短暂的突变时期,过去占据优势地位的物种迅速绝灭,新物种迅速形成。新物种形成之后又可以进入较长时期的稳定状态,此即为"间断"和"平衡"的含义。正如艾丽丝在幻境中"必须不断地跑步才能停留在原地"一样,在生物进化的过程中,新物种也必须不断涌现,才能在旧物种绝灭之后维持生物圈的平衡。

极、能为大众看得见的作用。

俄罗斯学者普列特尼科夫认为,"现时代明显表现出的并不是资本主义和社会主义结合的历史趋势,而是资本主义辩证地自我否定的历史趋势"[①]。法国学者米歇尔·阿尔贝尔也持相似的立场,他认为"资本主义并不是铁板一块,恰恰相反,资本主义分为两大模块,它们互相对峙,形成'资本主义反对资本主义'"[②]。当前的世界与其说是经济全球化,不如说是世界美国化或资本主义美国化,"即将出现一场新的意识形态的前奏,这不再是资本主义与社会主义的对抗,而是新美国式的资本主义与莱茵式资本主义的对抗"[③]。对抗的结果是欧洲和法国滑到了里根模式中,消除了金钱的犯罪感,利己主义获得胜利,整个社会开始出现劳工"艰难化",行为单一化,使得资本主义世界"一滑到底"。

海因兹·迪德里齐在《全球资本主义的终结——新的历史蓝图》一书中把对未来的设想称为取代资本主义的"新的历史蓝图"。他认为,人们渴望的未来社会的政治生活应该是一个正义和民主的社会,而这一社会因三个结构性障碍:剥削、统治和冷漠,一直难以实现。资本主义尽管反对专制主义,具有一定的民主形式,但其民主只能称为"形式民主",这是未来民主社会的一个必要条件,但仅有"形式民主"显然是不够的;它不应该被取代,而应该向着参与社会权力的方向扩大。同时,资本主义仍然存在着剥削、统治和冷漠的现象,而且"资本主义—资产阶级民主像魔鬼逃避圣水一样逃避真正民主"[④]。因此,资本主义社会是应当被取代的。取代资本主义社会的是既不同于当前的资本主义社会,也不同于从前的社会主义社会,而是一种具有真正参与民主和非资本主义经济的"新

---

① [俄] 普列特尼科夫:《资本主义自我否定的历史趋势》,《国外理论动态》2001年第4期。
② [法] 阿尔贝尔:《资本主义反对资本主义》,社会科学文献出版社1999年版,第5页。
③ 同上书,第17页。
④ [法] 迪德里齐、达赛尔、佛朗哥等:《全球资本主义的终结——新的历史蓝图》,人民文学出版社2001年版,第88页。

纲领"，即"新的历史蓝图"，它将创造出真正民主和社会正义所必需的条件，将是一个无剥削、无统治、无冷漠的社会，是"一个既没有资本主义也没有市场，既没有作为镇压工具的国家也没有冷漠的社会"①，并且"在'新的历史蓝图'中将只有一个存在的理由：为完全开发人的潜力服务"②。

三　后经济社会理论关于社会经济发展阶段的视角

后经济社会理论是站在物质生活的稀缺程度来对经济社会发展阶段进行划分。这种理论认为，在人类历史上，追求经济利益始终是全部社会生活运行的轴心和发展的动力。基于这一点，可以将人类的发展划分为前经济社会、经济社会和后经济社会。

前经济社会是对基本生存需求的追求阶段。这个阶段社会物质财富处于匮乏阶段。人们首要的问题是扩大各类产品的生产能力，解决基本生存需求。

在经济社会阶段，在满足人类基本生存需求之后，生产需要利用各种稀缺资源进行抉择。在前期标准化工业化产品生产过程中，生产能力得到了极大的提升，生存需求得以满足。到了工业化后期，商品生产者需要持续进行产品创新，并生产出各种个性化的产品，以满足各种个性化的需求。

伴随着工业文明的出现，经济利益在社会生活中的地位日益放大，个人与社会均以经济利益作为其重要动力，这样刺激了作为独立的知识形态和认识活动的科学的产生，科学建制化开始成型，这使科学技术获得了前所未有的发展，科学技术的发展，不但提高了社会生产力，而且为科学技术自身的加速发展提供了更多的机会，为经济利益目标的实现提供了更多的机会。因此，经济社会的本质，不在于其丰富的生产力，而在于所有个体都着力于追求经济利益这一价值目标的引导，这一特征是人类社会科技革命、工业文明

---

① ［英］锡德尼·维伯、比阿特里斯·维伯：《资本主义文明的衰亡》，上海人民出版社2005年版，第88页。
② 同上书，第200页。

发展以及其所遇到问题的深层原因。

后经济社会是一个用文化的视角观察世界的经济与文化相互融合的社会，其核心是非物质化和虚拟性。

后经济社会理论认为，工业文明发展至今已面临着难以克服的困难，这些困难一方面使人类的继续生存成为严重的问题，另一方面使个人及社会的生活彻底非人化。这使整个工业文明，而不是某个具体时期的某个具体国家，陷入了深刻的危机。它的原因不在于具体操作上的失误，而在于有史以来人类所追求的根本性的价值目标错误。因此，工业文明在科技革命时代所遇到的危机，实际上是人类所追求的价值目标的危机。人类为了拯救自己，必须彻底改变把经济利益从而把经济发展的需要摆在第一位的观念，而需要一个更加综合的价值观。这就是从"经济社会"向"后经济社会"的转变。

按照俄罗斯学者的观点，所谓"后经济社会"，是指不再把经济利益作为主要价值目标的社会。它不是对经济利益的否定。人类任何时候都要以经济生活为基础，这是人这种动物的本性所决定的。"后经济社会"概念的提出以工业社会生产力的高度发达为前提，它所否定的是把经济利益作为决定一切的因素。因为工业社会这一"经济社会"的最高形态已经借科学的力量使生产力达到极高的水平，并引起生态、资源等全球性问题，使人类自身的生活彻底异化，继续生存成为问题，使经济社会的历史发展走到了尽头，人类已经具备了进入"后经济社会"而又保持合理水平的物质生活的物质前提。

第五节 对已有研究的一个简要评论

对已有的社会经济发展阶段理论进行分析可以看出，这些理论都是基于"过去、现在、未来"三个时间向度来研究经济社会发展阶段，大部分的研究都建立了"经济—社会"的多重分析体系。[①]从这一向度出发，关于社会经济发展阶段的研究都关注了以下事实：

第一，在人类社会经济发展的初始阶段，人与自然的关系是最重要的。生产过程的主要方面是如何从大自然获得更多的满足人类需要的物质需求，而生产过程中所涉及的社会关系、人际关系等相对简单。产业部门主要是渔猎、农业等初级产业形式。由于涉及家庭式生产，血缘关系成为人际关系的核心。

第二，在人类社会经济发展到以机器生产为主导的阶段时，生产扩展为社会化大生产。生产除了需要使用大量的机器与工具之外，也体现了深刻的社会关系。从工业化生产的视角，这一阶段主要是通过大规模的技术进步，使生产力得到极大的解放。在以机器进行大工业生产的工业化时期，处理物与物的关系成为生产过程中的主要内容，而分工的发展，使商品交换关系成为人际关系的核心。

第三，在当前阶段，物质生产自动化水平的极大提升，一方面使人的物质需求获得了极大的满足，另一方面也使生产一线所需的劳动力数量急剧减少。如何满足人的精神需求、如何解决社会劳动力就业等问题就成了社会的主题。因此，人际关系、人的精神需要、社会关系等，成了社会生活的主流。无论是信息社会的概念，还是后工业社会的概念，其核心理念是在物质丰富的情况下，人类社会经济关系将走向何处。以信息社会为例，信息社会的核心是如何实现人际间的信息交换。

第四，随着智能机器时代的来临，人的用处体现在什么地方？在自动化生产时代，物质极大丰富，未来社会经济将会进入一种什么样的状态，仍需要进一步的思考。

[①] 还有一些研究引入了与科学技术相关的因素，如知识社会理论。然而，即使是"经济—社会"分析体系，各种研究对于"经济—社会"之间的关系，有着不同的认知。

第三章　社会经济发展三阶段论的理论基础

本书的主要观点是，基于将社会经济发展视为一个系统的理念，尤其是考虑到经济—社会的互动，综合生产技术、社会结构、人际关系等因素考虑，人类社会的发展阶段可以划分为产品经济、商品经济、服务经济三个阶段，这三个阶段的发展是人类社会生产力发展水平的重要体现，同时也代表三种不同的产业形态与生产关系。从产业发展视角看，处理人与自然关系的主要是农业，其主导经济形态是产品经济；处理物与物之间关系的主要是制造业，其主导经济形态是商品经济；服务则代表了人与人之间关系，其主导经济形态就是服务经济。这三种社会经济发展阶段，其生产力发展水平及主导生产方式的背后，是社会关系与人际关系的深刻变革。

第一节　三阶段论提出的背景

一　现有理论研究的缺陷

从第二章的研究可以看出，现有关于社会经济发展阶段的理论，可以分为三个维度：第一个维度是社会经济维度，强调生产模式的变更以及由此带来的社会分工的影响，如后工业社会理论、知识社会理论等。第二个维度是生产关系或所有制维度，这种观点主要是马克思的五个阶段社会发展理论（原始社会、奴隶社会、封建社会、资本主义社会、共产主义社会），其基本的理论出发点是站在阶级分化与斗争的立场，对社会经济发展阶段进行的审视。第三个维度是生产力维度，强调社会生产力的发展对社会结构的作用，如信息社会理论。马克思强调生产力的决定作用，在马克思看来，生产力作用于社会经济系统的重要传导通道是生产关系（主要由生产资料所有制决定）。

从现有的理论看，在对社会经济发展阶段的划分方面，过分强调了某一特定因素的作用，将某一特定因素进行高度抽象，而忽略了将社会现有的因素进行综合与系统考察。因此，在对社会经济发展阶段进行划分时，现有理论对社会经济发展的考察缺乏系统性与综合性，在对任何一个阶段的考察过程中，都没有提供一个完整的视角。

由于这些理论的片面性，使其对资本主义或发达商品经济之后的社会形态有着不同的认识。例如，后工业社会理论虽然看到了工业社会之后服务业的崛起，但是并没有认识到这种经济结构的变革对社会关系的深刻影响，也没有认识到这种结构变化的长期影响。例如，以服务产品交易为例，服务产品不同于有形产品，其交易过程需要更多的人与人的交流，大量的服务产品生产与交易过程需要供需双方更加紧密的互动与协作，随着服务产品交易的泛化，将使社会消费关系与人际关系发生极大的变化。

而本书所提出的"三阶段论"，将社会经济发展过程划分为"产品经济、商品经济、服务经济"三个社会经济发展阶段，既考虑到了社会生产力的进步，又考虑到了社会经济联动所带来的革命性变更。

例如，"三阶段论"提出，人类社会经济发展过程中，如何脱离现有的约束，一直是一个永恒的主题。而在商品经济阶段，虽然人类对自然约束的脱离能力大幅度地增加，但仍然受到原材料的约束，更受到人际交换关系的约束。人类脱离原材料及自然束缚的努力，使服务经济萌芽。而人类开始脱离人际依赖，脱离契约，走向关系依赖，形成社会网络，使服务经济逐步形成。这一过程，说明了生产力进步及其社会影响对于人类进步的意义与作用。

又如，"三阶段论"提出，以服务统领整个社会经济发展的服务经济社会是产品经济、商品经济后的又一社会经济形态。它不属于资本主义社会、社会主义社会之后的社会形态,而是对社会经济生活的一种系统描述。现代意义上的"服务经济",是建立在工业化高度发达和较高经济发展水平基础上的社会经济形态,服务经济的形成和发展与经济发展水平、工业化程度密切关联。服务经济是现代经济充分发展的社会经济形态,是商品经济充分发展后的必然产物。毫无疑问,服务经济是一种不同于产品经济、商品经济的全新的社会经济形态。而服务过程中,人与人之间需要更多的交流与互动,因此,服务交易过程远远不同于商品交易过程,这使服务经济阶段的人际关系也产生了巨大的变化。

二 三阶段论对现有研究的包容与扬弃

三阶段论并不是完全否定现有的社会经济发展理论研究成果,而是基于更长远的历史发展时期、更宽广的视野、更丰富的社会发展动力、更有力的社会进步机制,对现有的社会经济发展阶段理论进行综合与扬弃,形成的一个综合性包容性更强的理论。

首先,三阶段论重视社会生产力的进步。生产力对社会经济进步的决定性影响,自马克思以来,已获得了大多数研究者的认可。三阶段论认可这一传统。我们的观点是,社会经济生产力的发展,是决定社会经济形态的基本要素。产品经济、商品经济、服务经济的划分,不但代表了生产力发展的水平,而且代表了生产力发展的模式。一个形象而不准确的比喻:产品经济阶段,不但生产力发展水平低,而且生产发展的速度也非常慢,像牛拉木轮车,在漫长曲折的历史之途缓慢地前行,社会生产力缓慢进步;商品经济发展,像蒸汽机,后来又更换为内燃机的列车,沿着历史轨道不断加速前进;服务经济发展,则好比是磁悬浮高速列车或航天飞机,在疾驰,在腾飞。资源、知识就好似燃料,而创新则是发动机,人与人之间的互动互助成为催化剂,使经济社会发展更为和谐。

其次,三阶段论考虑到了社会经济生活的各个方面。现有的理论对社会经济发展阶段的思考主要侧重于某一个具体方面,尤其是大部分理论都重视经济—社会系统分析。例如,后工业社会理论将社会经济发展分为三个阶段：前工业社会、工业社会、后工业社会。这种对社会经济发展阶段的划分，主要是基于以工业生产为核心的社会发展模式，其关键是工业生产在社会经济生活中的地位。信息社会理论是基于对信息（知识）这一生产要素在生产过程中的地位而进行的划分。三阶段论也综合考虑到了社会经济各个方面。三阶段论的主要超越在于，对于社会经济生活而言，经济生活与社会生活之间的互动远远超过我们的想象。例如，在现阶段，以即时通信（IM）为特征的互联网的快速兴起，不但增加了人际的快速沟通渠道，也必将改变人类的生产方式（如C2B的兴起[①]）。

三 三阶段论的理论贡献与超越

三阶段论的提出，是对现有理论的超越，有着深刻的理论意义与现实意义。

第一，三阶段论明确了社会经济的进化方向。三阶段论提出，社会发展初期是以满足基本生存需求为特征的自给自足社会，其经济特征是产品经济；当产品经济进化到一定阶段之后，人类开始脱离土地的束缚，发生了第一次大分工（畜牧业从农业中分离出来）与第二次大分工（手工业从农业中分离出来），交换开始成为社会经济生活的一部分，商品经济开始兴起。随着分工的深化与生产力的进步，社会开始步入商品经济阶段。商品的极大丰富，使人与人之间的服务变得日益重要，服务经济时代来临。三阶段论根据对前述事实的总结归纳，指明了社会经济的进化方向，也就是说，人类

---

① C2B（由客户到企业）是一种通过大规模定制满足消费者个性化需求的新商业模式。在工业化时代，以低成本、高效率为追求的大规模标准化生产，建立了一个大规模的分销系统，这个系统中，生产者与消费者的距离遥远，产品主要是满足一般性的需求，个性化的需求很难满足。C2B则利用电子商务庞大的数据基础，完全立足于用户需求，满足于用户的个性化需要。这种模式大大缩小生产者与消费者的距离，实现个性化消费和柔性化生产的有效对接，尽可能地释放市场消费能力。真正的C2B的核心含义就是其名称所提示的，即从消费者（consumer）开始，再到商家（business）。具体而言，C2B模式就是利用互联网庞大的信息汇聚能力，集合消费者的需求，为消费者量身定制产品和价格，并让消费者主动参与产品设计、定价甚至营销的一种新型生产模式。

在脱离自然的过程中，不断强化了社会联系。①

第二，三阶段论是一种基于经济基础的系统化理论。三阶段论虽然以"经济"为名，但是，其本质是对社会经济状况的一种综合，与简单地将社会经济发展阶段划分为"农业经济"、"工业经济"、"服务经济"三个阶段相比，三阶段论综合了农业经济时代与工业经济时代的社会生活特征，对其在更高层次进行了综合。

第二节 三阶段论的主要内容

本节对三阶段论的主要内容进行分析，提出三阶段的时期划分及其主要特征。

一 三大阶段的时期划分：从全球史的视野

三阶段论的核心内容是从全球史的视角，将整个人类社会经济发展历史划分为产品经济、商品经济、服务经济三个阶段。

产品经济（Nature Economy）是一种自足型经济，是18世纪中叶以前的主要经济形态。产品经济是人类历史上持续时间最长的经济形态，从人类诞生到工业革命时期商品经济完全确立为止。这一阶段的核心是人类需要与自然进行搏斗，获得足够的生存机会。在生产模式方面，生产主要是以利用自然资源、实现自给自足为主。

在分析过程中，我们将产品经济阶段分为两个子阶段，早期阶段和晚期阶段。早期阶段大约相当于原始文明阶段以及奴隶文明阶段，晚期阶段大约相当于封建文明阶段，一直延续到商品经济的大规模出现。

---

① 人类社会经济发展过程，在事实上是一种脱离依赖的过程。在历史的长河中，人类总共有三次大脱离：第一次是脱离自然界，这次脱离以人类制造工具为特征；第二次是脱离原材料，以人类的两次工业革命为特征，人类对原材料的加工能力日益提升；第三次是第二产业、第三产业内部脱离一部分人群而转向另一部分人群提供服务，也就是说，服务开始分化出来，成为一个最重要的独立部门。

商品经济（Commodity Economy），是以商品的生产、交换、出售为主要特征以及社会经济主要运行模式的一个阶段。从本质上看，商品经济阶段，由于分工的发展，整个社会直接以交换为目的，商品生产成为社会的一种常态。随着历史上第一次社会大分工的发生，最初的商品交换发生在原始共同体之间，但是，这种交换是零星的、非系统化的，也没有形成一种常态化的价格决定机制。因此，最早的商品经济产生于第二次社会分工，即手工业从农业中分离并进一步扩大，商业和商人则是随着第三次社会大分工而大规模出现的。生产的完全商业化，不但带来了生产技术的变革，更重要的是商品生产模式的变化，以及社会经济关系的变更。

从 20 世纪 80 年代开始，随着发达经济体商品生产的极大丰富，世界经济向服务经济（Service Economy）转型。这是继工业革命之后的一次新的经济革命，是从技术到产业组织、经营管理、商业模式、运行体制、发展方式的全方位变革，可以称之为"服务革命"。在服务经济的带动下，社会全面嬗变，开始由产品型社会向服务型社会转型。人类社会开始向服务经济迈进，形成了一个新的经济模式。

服务经济作为一个社会经济的发展阶段，其概念既与传统的第一产业、第二产业、第三产业的划分有着联系，又有着本质的区别。第三产业代表的是产业发展的次序，是一个产业的概念，并没有强调该产业对社会生活发展的巨大影响，而服务经济是和商品经济对应的，是社会经济发展的第三个形态（产品经济、商品经济、服务经济），并代表了社会经济开始由有形商品向无形服务的转型。

二　三大阶段的制度特征

1. 三大经济阶段的生产生活制度特征

三大经济阶段代表了社会与经济的系统性变化，而并非仅指生产模式的进化，其社会特征也适应社会经济的发展，带来社会等级结构、教育系统、权力结构的巨大变化。

产品经济的社会等级结构是变化的。早期阶段的社会等级结构是严格的水平分类，在特定的组织系统内部，其成员能够获得参与的权利；到后期，其等级结构开始差异化，开始形成各个阶层；早期的产品经济阶段，并没有形成大规模的教育系统，到了产品经济的后期阶段，形成了面向贵族的精英教育体系；早期的权力结构是以习俗、经验、权威为支撑的半民主型权力结构。到晚期，形成了一种结构分明的金字塔式的权力结构，这种权力结构的形成大多数情况下不是因为经济关系而形成的，但权力结构对经济关系的影响非常巨大。

列宁指出："在自然经济下，社会是由许多单一的经济单位（家长制的农民家庭、原始村社、封建领地）组成的，每个这样的单位从事各种经济工作，从采掘各种原料开始，直到最后把这些原料制造成消费品。"[1] 这种单一的经济单位，就是小而全的自产自用的经济实体。旧中国的封建经济制度，在生产的自然形式上的特征，就是农业和手工业不分离的"男耕女织"的自给自足的产品经济。但是，脱离了家庭之外，形成了一个典型的等级社会。

商品经济等级结构是等级社会与大众社会的混合，在名义上，公民之间具有平等的权利，而且大量的普及化的公民教育使平等观念深入人心；但是，由于社会经济地位的巨大差异，会形成金字塔形权力结构，这使社会现实充满了不平等，人们事实上处在不同的阶层等级。商品经济权力结构的形成，基本是经济发展的结果，权力结构对经济的影响要远小于产品经济阶段。

在这样的制度条件下，绝大部分的生产资料都归私人所有，并借助雇佣劳动的手段以生产工具创造利润。在这种制度里，商品和服务借助货币在自由市场里流通。投资的决定由私人进行，生产和销售主要由公司和工商业控制并互相竞争，依照各自的利益采取行动。商品经济的发展一方面使社会经济结构呈现多元的状态，另一方面培植了力量巨大的工商业群体。

服务经济是个性化多样化选择的混合社会，新的个性化教育使

---

[1] 《列宁选集》第 1 卷，人民出版社 1972 年版，第 161 页。

社会个性张扬，随着权力的分散化，权力结构变更为网络型权力结构。

　　随着经济社会的发展，服务型社会将逐步摆脱以往由军人治国、政治家治国这样一种政治统治模式，取而代之的则是技术治国、民主治国以及服务治国，甚至走向"哲学王治国"。因此，在服务型社会里，民主治理国家真正成为可能。① 正如托夫勒在《致开创美国基业的先祖们》的一封信里所强调的那样：在未来的社会里，"没有一个政府，没有一种政治制度，没有一部宪法，没有一个社会，是永世长存的。过去的决定，也不能长久地束缚未来。为一种文明设计的政府，的确不能适应另一种文明"②。

　　在服务型社会进入到发达的、理想状态的时候，服务会自然成为一种社会控制方式、措施手段，这样运行的结果就是强调整个社会的运行要依赖于服务。每一个公民有公平竞争的权利，尊重每个人的独立人格，充分给予每个人展示自我的机会。服务型社会强调个性化、便利化、人性化、平等化。所以，在服务型社会里，社会个体之间强调相互欣赏、相互尊重而不是彼此控制，更不是科层制的管制。因此，服务型社会逐渐抛弃了以往社会形态中两级对立的社会阶级，代之而起的则是新阶层的出现、各个阶层之间的平等以及原有阶层之间的渗透与融合，甚至更多地出现了许多混合型阶层，这正是服务型社会的真实写照。③

　　2. 三大阶段社会经济制度特征的小结

　　综合上述分析，我们可将三大阶段社会经济特征小结如下，具体参见表 3 - 1。

三　三大阶段的进化动力

　　从社会进步的动力看，三大阶段由于进步机制不一样，其进化的动力也有着本质区别（见表 3 - 2）。

---

① 参见孙希有《服务型社会的来临》，中国社会科学出版社 2010 年版，第 60 页。
② ［美］阿尔温·托夫勒：《第三次浪潮》，生活·读书·新知三联书店 1984 年版，第 518 页。
③ 参见孙希有《服务型社会的来临》，中国社会科学出版社 2010 年版，第 59 页。

表 3-1　　　　　　三大阶段社会经济制度特征比较

	产品经济	商品经济	服务经济
等级结构	早期是严格的水平分类，晚期形成等级社会	等级社会与大众社会的混合	个性化、多样化选择的混合社会
被认同的价值观	婚姻与家庭	勤奋与财富	宽容与愉悦
教育体系	早期缺乏大规模教育系统；晚期形成只面向贵族的精英教育	大量的普及化的公民教育	新的个性化教育
权力结构	早期以习俗、经验、权威为支撑的半民主型权力结构；晚期形成以血缘等为基础的权力结构	以经济因素为基础的金字塔形权力结构	网络型权力结构

资料来源：笔者整理。

表 3-2　　　　　　　　三大阶段的动力机制

	产品经济	商品经济	服务经济
生产基础	土地（耕地）	工厂、原材料、资本和人	想法（idea）、个性、创造力
核心要素	土地	资本	全部人力资本
动力	生产者自身的体力、畜力（利用自然力只是偶尔的现象）	动力机提供的被转化了的强大的自然力	以人的智力与心力开发、电脑提供的计算能力等为主

资料来源：笔者整理。

在产品经济时代，土地成为社会进化的动力。亚当·斯密认为，农业社会里，土地成为财富之母，推动社会发展的动力要素是土地，谁拥有了土地谁就拥有了充足的生产资料，进而也就掌握了一切。由于技术相对落后，动力主要是人的体力以及被驯化的畜力，人是社会经济进化的重要动力，但是，由于这种动力主要是体力，而人本身的体力有限，这使社会经济进化速度很慢。这种基于简单技术的生产模式，对生产要素分配的影响也有着深刻的影响。例如，我国秦汉以后，铁犁牛耕的普及，生产技术的提高，促进了小农经济的发展；小农经济下，农民不同程度地拥有一定数量的生产资料，拥有一定的生产自主权，能支配一部分劳动产品，具有生产积极性；小农经济规模小，促使农民努力提高耕作技术，尽可能地提高单位生产面积，促进精耕细作农业的发展。

商品经济时代，推动社会进化的核心要素成了资本。在资本主义社会里，有了资本就有了土地、机器、劳动力、先进的科学技术以及生产方式。机器的广泛使用以及专业化的社会大生产成为社会经济的主导。由于技术的进步，人类开始制造机器，广泛使用动力机，开发利用各类自然力。

在商品经济发展的背景下，科学技术提供了人类控制自然的力量，人类越来越能够适应自然的运行规律，并利用自然界所提供的各种资源改善自己的处境。然而，由于各种动力都以资本的方式体现出来，人类需要通过资本才能控制好自然，人在社会面前更是充满了无力感。这造成了"异化"的结果，即现代化之路本来是服务于人的，现在却变成了人所追求的目标，人受制于现代化这架巨大的机器，自身的意义和价值却失落了。① 西方著名学者卢卡奇认为，由于工业文明和商品经济的发展，人与人之间的关系物化，物的世界独立于人，统治人，人不仅不能控制自己所创造出来的商品世界，就连人本身也变成了不属于自己的商品，服从商品本身运行的规律，人的价值丧失了，人进而丧失了自由，丧失了自身。这就是青年卢卡奇的"物化理论"，这一理论的核心在于随着社会的商品化，"物"从人可利用的一种工具或者手段，变成了人的主人，人被迫屈从于商品。在这个意义上，进化动力已经被异化了，人在社会进化中的地位被压低。

在服务经济阶段，各个行业及部门，生产与消费、经营与管理都是以服务为理念、以服务为手段、以服务为目的。在这样的社会

---

① 1966年，在接受德国《明镜》周刊记者的访谈中，海德格尔说，"技术在本质上是人靠自身力量控制不了的一种东西"。

里，服务不仅普遍性地存在于服务行业，而且也存在于生产领域以及日常生活领域，使得服务成为引领社会潮流的标准。在这里，现有的各个产业都成为服务的一部分，人们的生产与生活都离不开服务，也都体现为服务，并以服务表现着自己的存在。于是，服务构成了经济增长与发展的动力，服务由此成为这种社会类型的核心要素。①

在服务经济时代，服务成为社会运行的一种标准，农业生产、工业制造、服务贸易的运行都将服务贯穿于其中，把服务作为动力和工具，各个行业的生存和发展离不开服务，服务成为社会运行和社会发展的思维和工具。在这种运行背景下，社会需要不断创新、持续产生新的创意，以满足个体的个性化需求，人的智力与心力开发、电脑提供的计算能力等构成了社会经济发展进化的动力。

---

① 参见孙希有《服务型社会的来临》序言（景天魁撰写），中国社会科学出版社2010年版。

第四章 三大阶段的产品与生产特征

从社会经济发展的视角，社会物质生产模式是社会经济发展的基础，在每一个特定的历史阶段，其产品与生产特征也有着显著差异。

第一节 三大阶段的主导产品及其进化：历史的视角

一 三大阶段的主导产品及其演化

在产品经济中，由于生产力低下，人类首先需要处理人与自然的关系。而工具的匮乏，使人类只能主要从事体力劳动，生产过程的主要方面是如何从大自然获得更多的满足人类需要的物质需求，主导产品是基于自然的产品，包括渔猎、农业等初级产品。这些产品由个体借助自然资源生产，其标准化程度很低。

随着社会生产力和社会分工的发展，生产资料和生活资料日益多样化。由于家庭经营和个体劳动的局限，任何一个农民家庭都不可能满足自己全部生产资料和生活资料的需要。小农经济的这种弱点，迫使他们卷入市场交换，从事商品性生产，与其他农民和手工业交换产品，取得自己不能生产的生产资料和生活资料，以持续自己的生产，维持一家的温饱。从交换的本质看，虽然货币已经出现，但是，易货贸易仍在一定的范围内盛行。生产使用价值的自给性生产，与生产交换价值的商品性生产，就相辅相成地结合在同一个主体之上,也就是产品经济和商品经济结合在同一个主体之上。但是,手工业的出现,并没有完全形成大规模普遍化的商品经济,商业和商人阶层也处于初级阶段,这一阶段,仍属于产品经济阶段,手工业产品也远没有成为社会的主导产品。因为社会最基本的消费理念仍是维持生存。

在商品经济阶段,工人是基本生产者,主导产品是以机器加工为特征的工业品,如大量制造的工具。商品生产是普遍化的商品生产,劳动力也成为商品,一切有使用价值的典型都趋向商品化。

商品经济阶段产品的另一个特征是标准化产品。因为商品的生产主要是面向他人的,需要大批量生产以满足需要,因此,标准化非常重要。

到了商品经济的后期,生产者开始在产品中加入各种个性化因素,以满足消费者的情感需求,但是,这种个性化的产品,主要在小范围内流行,并没有形成取代大规模标准化产品的结果。

从人与产品的关系看,服务经济阶段的主导产品是各种服务,即使是物质产品,也与商品经济阶段的"标准化工业品"有着本质区别,在服务经济阶段,主要的物质产品是基于标准化的大规模定制化地包含服务内容的个性化产品。而从服务产品看,服务产品与物质商品有着本质的差异。

在服务经济阶段,服务产品可以分为两大类:一类是智力产品,另一类是心力产品。

智力产品是与人类智力相关的产品,包括信息、知识等,其消费与使用模式都是以分享或共享为主,在使用过程中,具有报酬递增的特性。[1] 因此,传统的以商品为基础的交换规律在这些产品的生产及使用过程中,往往难以发挥作用。

而心力产品是需要用心投入、具有情感体验的一类产品,包括

---

[1] 智力产品的典型表现是"知识",知识使用的一个重要特征是非排他性,即一个人使用,不影响其他人使用。基于这一特征,可以发现"知识"如果作为一种生产要素,将使生产函数具有报酬递增特性。关于这一点的详细论述,可以参见李勇坚《知识与增长——基于内生增长理论的考察》,博士学位论文,中国社会科学院研究生院,2003年。

与个人相关的服务。这类服务产品需要服务提供者（生产者）与服务接受者（消费者）之间的互动，因此，二者之间会产生一个心情的传递。如果生产者具有一种美好的心情，与消费者实现互动，消费者体验到这种愉悦，则实现了心灵的传递，达到了共享的目的。而在此过程中，服务提供者也因消费者的满足，而产生一种美好心情。在这个意义上，心力服务产品主要是共享的或分享的，而不是交换的。心力产品是服务经济阶段的一个重要特色，在经济分析史中，这个概念首次将人的情感体验与经济分析联系起来。这个概念的引入，并不是为了证明或说明情感体验可以进行交换，而是基于共享或分享的理念，对社会经济进步起着重要作用。

同时，服务经济阶段的商品性质也发生了变化。在商品经济时代，商品是一种具有心理满足的、具有符号消费意义的东西。[①] 而在服务经济阶段，商品是用于解决某个特定的问题，让消费者完成某种特定的体验。商品化并不是为了成为一种符号，而是为了成为一种体验。正如特德·莱维特[②]所指出的，没有商品这样的东西。顾客不是买什么东西，而是买解决问题的办法。用服务的本质去覆盖产品的本质，方能达到革命的效果。

二 三大阶段主导产品的比较：总结

表4-1　　　　　　　　三大阶段产品特征比较

	产品经济	商品经济	服务经济
核心产品	基于自然的产品	以机器加工为特征的标准化工业品	服务者提供的智力型服务产品与心力型服务产品
主导产品	食物、手工艺品	大量制造的工具	知识、革新与愉悦
标准化程度	非标准化产品	标准化产品	基于标准化的大规模定制化的包含服务内容的个性化产品

[①] 参见［法］让·波德里亚《消费社会》，南京大学出版社2009年版。
[②] 特德·莱维特（Ted Levitt）是美国著名的营销专家，引文出自其广受争议的论文《体现差异才能成功营销》(*Marketing Success Through Differentiation of Anything*)。

续表

	产品经济	商品经济	服务经济
交换关系	易货贸易、基于货币的简单交易	以货币为中介的专业化商品交易、传统的金融市场业务	以共享或分享为特征的服务交换

第二节 三大阶段人的需求拓展

不论社会经济形态如何变化，如何满足人的需求都是一个永恒的主题。在三大阶段中，由于社会经济发展水平、技术水平、生产能力等诸多因素的影响，对人的需求拓展也有着显著差异。

一 三大阶段人的需求拓展

在产品经济社会里，物资极为匮乏，人类满足自身的能力很弱，需求的核心就是满足生存的需要。在产品经济的早期，人们处于群居状态，通过群体活动，完成个体难以完成的大型活动。由于需求单一，生产的目的就是以物的使用价值直接满足人的基本生存需要。

从需求拓展模式看，在产品经济阶段，需求的拓展主要来源于两个方面，第一个方面是，人类中的极少数人士，在基本需求获得满足之后，会产生对美等精神方面的需求；第二个方面是，人类对自然的敬畏，也产生了精神需求，如原始宗教的兴起。从总体上看，这部分需求在人的需求中占据的地位极低，还没有成为主流。

在商品经济阶段，以资本主义生产方式为代表，企业内部分工即个别分工迅速发展起来，并与社会分工相结合，使整个分工的范围和专业化的程度空前扩大和加深。[①] 人们生活水平极大提高，不再单纯地满足于生理需要，还要能满足人对物质追求的精神心理。由于商品生产与交换成为社会的主流，这使社会对商品的需求极其旺盛，从而产生了商品拜物教，这种商品拜物教的一个重要方面

---

① 参见王海文《服务利益论》，光明日报出版社2009年版，第40页。

是，人们以商品作为自身表达的一种模式，人类依赖商品生产以及商品的交换，从而使商品成了社会经济的主体。到了商品经济的晚期，商品生产日益丰富，个体的基本需求得到了满足，企业之间竞争日益激烈。为了争夺消费者，企业开始生产各种各样的新奇产品，以满足消费者。与此同时，消费者因为商品生产的相对过剩，获得了更多的自主权。消费者主权开始取代生产者主权。这样，商品生产厂家为了吸引消费者购买其商品，日益在商品中添加符号内容，赋予商品以文化内涵。为了使商品的文化内涵获得消费者的认同，生产者与商家持续通过广告或者赞助各种文化活动，使商品的文化内涵不断得到认同，品牌开始崛起。商品的文化内涵获得大众认同之后，商品消费在很大程度上成为一种符号，这就形成了波德里亚所谓的"符号消费"。因此，在本质上到了商品经济晚期阶段，需求的拓展不再是消费者自己的欲求不断开放，更多的是商品生产者通过广告等诸多方式，对消费者进行诱导。

在服务经济阶段，物质产品极大丰富，社会消费观念在互联网等多维互动的交际工具的推动下，日益发生变化。共享或分享、协作或互助、认同或认可、个性或社群等理念深入人心。而服务作为供需双方的一种互动模式，也日益得到了认可。在互动中，供需双方的关系超越了供求关系，服务消费成为一种供需双方的互动愉悦过程，参与各方在此获得巅峰体验。服务产品大部分具有无形性，而以知识为代表的各类服务产品，由于使用过程的非竞争性，更是成为互动与共享的代表。即使各类有形产品，如汽车、房屋等，也可以通过互联网高速匹配能力进行共享，从而产生大规模的协同消费，分享经济加快发展。[①] 同时，个性、兴趣、群体互动等在服务

[①] 分享经济这个术语最早由美国得克萨斯州立大学社会学教授马科斯·费尔逊（Marcus Felson）和伊利诺伊大学社会学教授琼·斯潘思（Joe L. Spaeth）于1978年发表的论文 *Community Structure and Collaborative Consumption: A Routine Activity Approach* 中提出。目前公认的定义认为，分享经济是指个体间直接交换商品与服务、理念的系统。理论上，这涵盖方方面面，包括搭车、共享房间、闲置物品交换，也包括思想、理念等无形资源的共享。

经济中的地位日益重要，而互联网的兴起，使个性化的需求能够得到满足。服务经济阶段个性化需求能够得到满足的原因在于，通过互联网技术，尤其是大数据技术，厂家能够挖掘出消费者的个性化需求[1]，并通过柔性生产、个性化服务等方式，满足消费者的需求。而社群互动，将进一步挖掘并满足消费者的精神需求，使消费者在各种场合都能体会到愉悦的感受。

在服务经济时代，共享或分享模式的发展，更使消费者与生产者难以区分，产消合一的趋势，使生产与消费都能够成为获得精神满足的来源，更是极大地拓展了消费者的需求以及满足需求的模式，从而形成了更加丰富的需求拓展模式。

二 三大阶段需求拓展的比较：总结

表4-2　　　　　　　三大阶段消费者的需求拓展

	产品经济	商品经济	服务经济
消费理念	生存需要	商品拜物教	在互动中愉悦，巅峰体验
人的需求拓展	满足人的自发的基本生理需要	满足人的生理需要的同时，满足人对物质追求的精神心理	通过服务过程的人际互动，满足人的精神需求
需求拓展的模式	基于对自然的敬畏，以及生存需求满足之后自然产生的新需求	基于商家诱导以及商品的符号效应	分享或共享；产消合一；基于个性、兴趣以及社群互动

第三节　三大阶段的生产过程

一 生产方式的变化

产品经济阶段，劳动者所使用的劳动工具极其简陋，因而只能

---

[1] 消费者个性化需求无法获得满足的原因在于：第一，满足个性化需求的成本太高。在工业化时代，生产是基于大规模标准化生产，这种生产模式，发出对低成本的极致追求。第二，生产者无法了解到消费者的个性化需求。从本质上看，消费者的需求如同一座水中的冰山，甚至消费者本人都只看到了冰山的水上部分。

在有限的范围内从事生产,劳动对象以及劳动范围非常有限,因此,无法形成大规模生产。由于生产主要依赖体能,在生产过程中,个体的因素,如个人体能等,起了非常大的作用。集体合作主要是一些大型活动,仅仅局限于部落或团队内部在狩猎过程中的合作、共同举办祭祀等各种活动等。

产品经济时期生产力不发达,社会产品稀缺[①],社会分工网络尚未形成,人们生产的产品主要用于自给自足,满足自我生活需要。随着生产力的发展和人们劳动技能的提高,人们征服和改造自然的能力越来越强,产品经济生产规模越来越大。从最初的采集、渔猎经济,发展到农牧生活,最后发展到庄园经济和小农业与家庭手工业相结合。但是,在产品经济阶段,市场范围很小,交换活动是偶然发生的。Joseph 认为产品经济的市场范围较狭小,是社会生产力水平低下和社会分工不发达的产物。[②]

由于交换没有常态化,价格形成机制并不完善。社会关系等各种非经济因素在交换价格的形成过程中起到了重要的作用。卡尔·波兰尼指出,前资本主义时期是一种伦理经济,经济关系受制于社会关系的制约,价格是一种基于社会关系的公正价格。

进入商品经济阶段,在生产方面,以社会化分工为背景的大规模生产方式,为物质财富的生产提供了良好的条件,人类征服自然的能力不断增强。以社会化大生产为基础,生产和交换是为了获取利润,商品的范围空前扩大,不仅产品是商品,一切生产要素包括技术、信息和资本等均成为商品,有发达开放的市场体系。马克思指出,商品经济"一方面力图发展和提高生产力的强度,一方面又追求劳动部门的无限多样化,也就是追求生产内容的全面

---

① 萨林斯认为,原初时代的丰裕社会可能存在过,原初社会的物质条件或许并不如现在所想象的那么困难。而且,在原初时代,人们的物质需求相对简单,对物质的需求不如现代社会这么强烈。参见 [美] 萨林斯《石器时代经济学》第一章。

② Joseph F. Francois, Producer Services, Scale, and the Division of Labor, *Oxford Economic Papers*, 1990, 42: 715–729.

性，使自然界的一切领域都服从于生产"①。具体而言，为了满足高额需求，追求成本最小化，生产规模将越来越大，生产过程的标准化、机械化程度越来越高。到商品经济成熟时期，以流水线为代表的现代化生产方式出现，生产过程彻底物化，人在生产过程中的能动性日益消失，劳动者个人成为生产过程的一种附庸。尤其是在高度的劳动分工情况下，劳动者的个人能力容易陷入路径依赖过程中。

在服务经济时代，由于自动化机器的大量使用，物质产品劳动生产率的大幅度提升。② 劳动者在创造社会生产力过程中进一步摆脱对自然的束缚以及对象物的依赖，而更多地依靠劳动者自身的、非物的力量，尤其是依靠自身的智力去为自身、为他人、为整个社会"提供服务"。在这里，服务已经渗透到这种社会类型的一切方面，服务没有范围、没有界限，服务成为社会的核心。在生产方式方面，个体各个方面的能力，如智力、情感因素等，对生产过程开始发挥越来越大的作用。

二 生产要素的演进

在产品经济时代，生产要素主要是土地和耕地，其中土地是最核心要素。古典经济学家大多数认为，土地是最重要的生产要素。例如，威廉·配第提出，"土地是财富之父，劳动是财富之母"③。在当代，以力作《新工业国》而在西方经济学界享有盛誉的加尔布雷思（J. K. Galbraith）也认为：在原始的经济阶段，土地在生产要素中居于支配地位，其他生产要素居于从属地位。从人力资本的投

---

① 《马克思恩格斯全集》第47卷，人民出版社1979年版，第555页。
② 麻省理工学院的两个经济学家埃里克·布林约尔松（Erik Brynjolfsson）和安德鲁·麦卡菲（Andrew McAfee）（他们也是《第二次机器革命》的作者）发表了一本电子书《和机器赛跑》（*Race Against the Machine*），他们认为：自动化正在迅速控制那些直到最近还被认为是资本主义经济工作机会最多的领域。从全自动汽车制造厂到可以诊断病情的电脑，自动化不仅仅控制了制造业，而且控制了服务业的许多领域。
③ 参见［英］威廉·配第《赋税论，献给英明人士，货币略论》，商务印书馆1972年版，第71页。马克思在《资本论》中曾引用这句话，他说："劳动并不是它所生产的使用价值即物质财富的唯一源泉，正如威廉·配第所说，'劳动是财富之父，土地是财富之母'。"

入形式看，由于需要以体能与自然界进行搏斗，因此，在生产过程中，以体力作为主要人力资本要素投入。在大规模商品生产未出现之前，生产过程所需要的人力资本要素主要是体力，人们通过狩猎、捕鱼、耕种、织布等活动来满足自身的基本生存需要。

在商品经济时代，生产要素进一步扩展，包括各种固定资产（如机器、厂房）、自然资源、原材料、货币资本和人，都成了生产要素。由于交换经济的普及，所有资源都进入交换领域，因此，除了人之外的其他要素都可以通过货币资本购买到，因此，货币资本成了生产的核心要素。在欧洲18世纪的资产阶级产业革命后的工业经济持续发展阶段，资本获得了生产过程中的绝对统治地位。从那时起，"在每一件事上都嗅到资本的味道。土地的价值由于资本的大量投入从而大大地增长了，而正是这个'资本主义'，它第一次给予人们经济活动的独立存在"[①]。复杂化的专业分工和机器化大生产，机器能力开始对人力资本要素中的体力进行广泛替代，因此，商品经济时代所需要的要素更强调人力资本要素的智力因素，如各种生产机器的设计、操作、企业管理、咨询、销售等需要更多的是智力因素，人的智力因素开始成为商品经济时代价值创造的核心因素。

服务经济时代，人类的文明程度、科学技术、经济发展水平更达到了相当高的阶段，经济发展更多的是依赖于创新。服务生产成为一种个性化过程。创新深度融入整个服务过程。在个性化需求的推动下，想法（idea）、个性、创造力等成了最为重要的生产要素。人力资本的重要性日益凸显，但是，此时，人力资本的概念开始不断地拓展。在具体生产应用方面，知识作为人类创新的力量源泉，成为生产过程中的主导要素。同时，在服务经济时代，人与人的关系成为主题，需要劳动者用心提供服务，心力（用心服务、情感互动、愉悦传递等）的作用日益重要。

美国当代最负盛名的管理学家彼得·德鲁克在《后资本主义社会》一书中阐述了他对知识社会的看法。德鲁克认为，西方历史表

[①] 罗雪尔：《政治经济学原理》，商务印书馆1978年版。

明，每隔几百年社会就会发生急剧变化。自第二次世界大战以来，我们现在又一次处于这样的变化时期，但这次变化已经不再局限于西方，而是在世界范围内展开。当然，这个"世界"也首先是"西方化"了的。这个处于变化与转型中的新社会就是现已存在的"后资本主义社会"。

对于该社会的基本特征，德鲁克认为，这个社会的"主要资源将是知识"，"基本经济资源——用经济学家的话来说，就是'生产资料'——不再是资本、自然资源（经济学家的'土地'）或'劳动力'，它现在是并且将来也是知识"，"主要社会团体将是'知识工作者'"，"他们是知道如何把知识用于生产的知识经济人员、知识专业人员、知识雇员。"因此，德鲁克预测，后资本主义社会所面临的"经济挑战将是知识工作和知识工作者的生产力"，即工作效率问题，其所面对的"社会挑战，则将是该社会中的第二阶级的尊严：服务工作者"，因为他们缺乏成为知识工作者的必要教育程度，因而可能成为社会的反抗者。后资本主义社会由于在"知识分子"和"管理人员"之间"将用一种价值观和美学概念的新的两分法来划分"，所以如何调和并"用一种新的综合法来超越这种两分法，将是一次哲学上和教育上对后资本主义社会最主要的挑战"。（德鲁克，1998）。

由于知识是后资本主义社会的最主要资源，它根本地改变了整个社会结构，即不仅创造了新的社会动力，创造了新的经济发展动力，而且创造了新的政治模式与动力。因而，德鲁克认为，它也必然引起整个管理范式（Management Paradigm）的根本性革命，即"知识正被应用于知识"。"提供知识以找出应用现有知识创造效益的最佳方法，事实上就是我们所说的管理"，"管理部门是知识社会的通用机构"（德鲁克，1998）。它不仅限于经济领域，还将扩展到社会的各个方面。

以生产者为中心的创新模式正在向以用户为中心的创新模式转变，创新正在经历从生产范式向服务范式转变的过程，正在经历一个民主化的进程。以技术发展为导向、科研人员为主体、实验室为载体的科技创新活动面临着挑战，以用户为中心、社会为舞台的面向知识社会、以人为本的下一代创新模式，即创新2.0模式正逐步显现其生命力和潜在价值。①

在服务经济时代，信息技术的发达和广泛使用是服务得以实现的最主要工具。无论是企业的代工实现、供应链运行、服务外包、物流配送、全球采购等，还是公共权力机构对社会、对民众的沟通、了解、掌握以至于做好公共服务，没有现代信息技术手段的应用将使服务的质量大打折扣。

三 生产组织形式的进化

在产品经济社会，人的生产能力只是在狭窄的范围内和孤立的地点上发展着，生产是自行地进行的日常活动，人们所需的生活资料不是由其他社会生产部门提供，而是由自己生产，再由自己消费。

在产品经济的早期，由于社会生产力低下，社会分工不发达，生产组织方式是家庭化生产，家庭或氏族在生产过程中发挥了极大的作用。从生产组织性质看，基本上都是以自然的血缘关系为联系纽带的，比如，以家族血缘劳动组织（表现为氏族部落、氏族村落）等为纽带。每一个人都要对小集团中的其他人承担责任，也都享有同样的权利和特权。他们在寻找食物、躲避风雨和防御敌人的过程中互相帮助。有时部落与部落之间因个人世仇和争夺狩猎、捕鱼的地盘而发生争斗。但是，由于旧石器时代的社会缺乏维持大规模的战争所必不可少的人力和物力，大规模的战争直到有了农业、生产率大大提高、人口相应增多时才成为可能。总之，产品经济早期的社会组织的实质是协作。从根本上来说，家庭和集团都是相互协作的团体，他们共同为生存而进行艰巨的斗争。② 到产品经济的晚期，社会出现了第一次大分工和第二次大分工，生产组织与前期

---

① 参见《创新2.0：知识社会环境下的创新民主化》。
② 参见［美］斯塔夫里阿诺斯《全球通史（1500年以前的世界）》，上海社会科学院出版社1999年版。

有所差异，但是，以家庭作为基本生产单位这一形式，并没有发生根本的变化。

商品经济时代，从生产组织方式看，社会化大生产是成熟商品经济的典型特征。社会化大生产不同于小生产方式的突出特点[①]：一是劳动资料的性质不同。劳动资料发生了革命性的变化，最初的典型形态是大机器工业，并向机器体系、自动化、智能化方向发展。二是分工的程度不同。生产单位内部的技术分工和生产单位之间的社会化分工都高度发展。三是劳动生产率不同。劳动生产率达到小生产方式不可比拟的程度。四是交换关系和经济交往不同。在分工发展的基础上，劳动的交换、产品的交换和经济上的交往已经普遍化。这些生产特征的差异，使大规模生产、工厂化生产、专业化分工，乃至于后期出现的流水线，都成了流行的生产组织形式。为了适应这种生产组织形式，科层制的组织架构成为一种新的标准。

商品经济的另一个重要特征是，商品经济社会是一种"合理性"社会。[②] 所谓"合理性"指的是人们逐渐强调通过理性的计算而自由选择适当的手段去实现目的。正如马克斯·韦伯所指出的，近代欧洲文明的一切产物都是理性主义的结果。而现代社会的理性主义，更多的是工具理性。[③] 由于工具理性大大发展了，使得传统社会的一切神圣价值"祛魅"。导致现代社会中一切行动都变成可计算、可预测的，并把功能效率原则凸显到极致。这一原则与利润最大化及市场机制进行完美结合。工具理性的流行，进一步推动了生产过程中的物化特性，生产组织过程中的"人"的因素开始减少，整个生产开始全面围绕以机器为代表的"物"进行。由于生产组织严重依赖于物的因素，带来了工作场所与生活场所的分离，大

[①] 托夫勒认为，工业文明具有四大特征，即专业化、标准化、同步化与集中化。
[②] 马克斯·韦伯用"合理性"来划分传统社会与现代社会：传统社会是由传统和习俗决定的，现代社会则是合理性的。
[③] 在西方的哲学传统里，合理性可以分为工具理性与价值理性。工具（合）理性（instrumental rationality），即一种强调手段的合适性和有效性而不管目的恰当与否的合理性；实质的（合）理性（substantive rationality），即一种强调目的、意识和价值的合理性，也就是后来人们所说的价值理性。

规模城市出现,而生活的全城化成为一种趋势。

服务经济阶段,自动化技术突飞猛进,使商品生产所需要的活劳动越来越少。[①] 生产线过程在社会经济运行过程中变得越来越次要,而大量的创意性服务,则对人的智力、心力等要求越来越高。社会劳动阶层也发生了极大的分化,从事知识相关的创意阶层的兴起,信息技术的高度发达,使生产组织形式再次发生了变化。小规模、分散化、个性化的服务生产组织开始形成。在生产组织系统内部,扁平化、平行化、网络化等组织架构成为主流。

在这种背景下,大规模定制化服务、简约主义、后物质主义(post-materialism)等不断兴起,使商品中包含的服务更为丰富多彩。因此,即使在产品中,服务也占据了越来越重要的地位,例如,海尔,从设计、定制化、售后服务等各方面的因素,占据了非常重要的地位。服务在产品生产中发挥更大的作用,其核心作用不是以产品去湮没消费者,而是更准确地适应消费者的需求,为其提供更丰富的产品消费体验。而创意产业等,则避开了商品生产的窠臼,从适应人的精神需求出发,更多地满足人的多方面需求。这样,即使在商品生产组织系统内部,科层制也开始被扁平化组织所取代。

关于服务经济时代的组织形式,MIT 教授、系统动态学的创始人 Forrsters 曾深刻地指出,以上下级关系为基础的专制式组织应该消失……在新模式中,任何个人都不从属于上级。个人完全自由地协商加入他与他人为交换物品和服务(而建立)的相互关系的持续运动着的结构……一个不专制的结构包含着内部竞争的运动……这样每个人就具有一个与自己管理其企业的有产者相同的状况。

此外,考虑到信息技术的进步与网络的发达,不但企业内部的组织会发生巨大的变化(例如,巴拉巴西所提出的"从树形组织到网络组织"[②])。因为信息技术不但在企业内部组织管理、生产流程

---

① 例如,(上海译文出版社 1998 年版)里夫金与吉登斯观察到了服务经济阶段工作岗位消失的问题。参见里夫金《工作的终结》以及吉登斯《失控的世界》。
② 巴拉巴西是全球复杂网络研究权威,他在《链接:网络新科学》一书中,对复杂网络形成之后,组织形式的变化模式进行了分析。

整合与优化方面具有重要的价值,更为重要的是,信息技术使企业成为社会网络的一部分,在重塑企业外部价值链方面发挥着重要的作用,这是服务经济时代生产组织形式的另一个重要变化。

四 三大阶段的生产过程:小结

表4-3　　　　　　　三大阶段生产过程特征比较

	产品经济	商品经济	服务经济
生产规模	小规模家庭化生产	大规模分工、标准化生产	大规模定制化生产、个性化产品与服务
劳动对象	直接的自然物	加工过的自然物	自然物以及人类智能本身
基本生产者	农民	工人	全新的服务人员
人力资本作用方式	体力	体力+智力	体力+智力+心力
生产组织方式	家庭及氏族	以机器生产、流水线等代表的现代工厂	大规模定制化、面对面服务
劳动	直接作用于手工工具的体力劳动	以支出自身能量为主的、操纵机器的体力劳动	脑力劳动、用心服务提供的个人全面劳动

第五章 三大阶段的劳动力特征

在商品经济发展过程中，一切要素及产品都经历了一个商品化过程。但是，真正彻底的市场经济是不存在的，正如波兰尼所提出的，土地、货币和劳动力这三种经济要素的社会根基对市场机制存在着明显的约束。因为土地本质来自自然环境，货币本质是对真实商品的购买权和购买中介，而劳动力这一术语无法掩盖其本质是承载社会文明的人。因此，这三种经济要素永远不可能完全商品化、受市场机制支配。这意味着在各个阶段，劳动者的地位与作用存在着明显的区别。

第一节 三大阶段劳动的意义

劳动是人的能动性和创造天赋的一种体现和发展，又是人的体力和智力的总显示，还是人的品德的根本性标志之一。因此，人与劳动的关系、人类从事劳动的意义，对三大经济社会发展阶段的划分深具意义。劳动的本质，决定了不同社会阶段人的价值、生存的意义、生产的目的等具有深刻意义的内容。

在产品经济阶段，由于生产力水平低下，人类利用与征服自然的力量还比较薄弱，因此，劳动是最基本的谋生及满足生理需要的手段。而人的劳动产品是为了满足人的需要和享受。因此，劳动的价值取向是满足人的基本需要，以此作为伦理道德评价的标准。正如马克思所指出的："古代的观点和现代世界相比，就显得崇高得多，根据古代的观点，人，不管是处在怎样狭隘的民族、宗教、政治规定上,毕竟始终表现为生产的目的,在现代世界,生产表现为人的目的,而财富则表现为生产的目的。"但是,由于生产力水平低下,劳动者的产品只能满足人们初级的需要与享受,劳动者的主体性和从事劳动的主动性、积极性都受到禁锢,妨碍劳动本身的发展和创新;劳动者无法从劳动中获得更多的满足与享受。

在商品经济时代,劳动是异化的。在私有制下,由于劳动者与生产资料分离、劳动者与劳动产品分离,导致人与劳动相对立了,人异化了。私有制导致的人与自然的疏离和异化可以归纳为三点:"首先是劳动者同作为自己的对象物的劳动产品的异己化,或者说疏离、异化。这实际上也是人与作为自己的存在对象的自然界的疏离和异化。其次是人与自己的'对象化活动'(在此即生产劳动)的异己化。最后是主体与自身也疏离了,异己化了。他既不能从劳动结果(自然对象的人化实现)中反观自身,也不能在劳动过程中确证自身。由于人与自然的疏离,与自己的活动疏离,最后他与自己也疏离了。"[①] 也就是说,劳动成为一种谋生的手段,人类无法走出劳动的困境。"劳动"一词在欧洲语言中最初含义都是"苦役",如劳动的拉丁语为 Labor,德语为 Arbeit,法语为 Travail,希腊语为 Ponos。这些语言的原意都是指一种行为,是令人不愉快、肉体上痛苦的努力。这正是商品经济阶段人与劳动关系的真实写照。

服务经济阶段是一种需要劳动者用心提供服务的经济形态。因此,劳动的意义将发生深刻的变化。劳动者将在一种符合人的尊严的劳动文化氛围中完成自己的劳动任务,并在企业和劳动岗位上实现人的基本权利和自由。

而在这种劳动意识的指示下,劳动者进一步发挥积极性和创造性,让劳动真正成为自己劳动条件的主人。服务经济深度发展之后,劳动者的地位不断上升,而且,劳动者作为服务提供者与服务接受者之间的互动、共享与合作关系的建立,将使劳动不仅作为谋

[①] 刘李伟、邹永图:《马克思哲学视野中人与自然的关系》,《现代哲学》1998 年第 4 期。

生手段，而且日渐成为人的生命的象征、生命的显示。劳动能够符合人的本性，劳动物化和异化得到克服，劳动从被人看作是被迫的事情变为是一种生命的必需，并成为一种快乐的过程。劳动的异化问题将得到彻底解决。

第二节 三大阶段的劳动者人力资本特征

一 产品经济状态下劳动者人力资本的特征

产品经济状态下，由于生产力水平低下，生产过程中缺乏须经过专业培训而形成的人力资本。劳动者的人力资本以天生的体能为主要方式，部分会利用其智力。劳动者通常并不会有意识地积累人力资本，人力资本的积累与使用处于原始状态。正如亚当·斯密指出：产品经济条件下，物质生产过程中人与人的关系有很大的狭义性和单纯性，生产过程中所需要投入的人力资本要素简单明了——人的体力和部分的智力成分。劳动者人力资本简单、明确，人力资本的表现形态与积累都非常符合人的本性。

二 商品经济状态下劳动者人力资本的特征

在商品经济阶段，劳动者需要熟练运用机器，才能达到社会生产力的最大化。因此，劳动者人力资本具有以下特征：

第一，劳动者需要投入大量的体力与智力，使机器发挥最大的作用，人力资本在生产过程中的作用日益重要。

第二，劳动者开始有意识地积累与使用人力资本，并具有投资于人力资本的意识；而且，由于生产过程中使用的人力资本主要是智力，辅之以体力，也使人力资本的积累具有了无限的可能性。

第三，劳动者人力资本作用于生产的方式大为扩展，劳动者人力资本的范围也日益拓展。商品经济的组成要素比产品经济要宽广得多，它重视各种要素：资本、土地、劳动、企业家才能、信息、技术进步等。显然，这些生产要素均离不开人力资本的支持：土地具有自然属性，人们通过将土地产权化使其具有价值，这是人通过智力形成价值设计使土地价值化。资本是以货币为基础，各种资本的组成均是在价值和交换的基础上完成的，人是价值形成和交换的完成主体。劳动是人力资本对生产功能的最简洁的统称，它是商品经济最重要的要素。企业家是人力资本中智力的重要体现，而信息作为一种服务于生产和交易以低成本发生的一种媒介，这种媒介的传播需要人力资本的支持。技术进步是社会生产率提高的主要推动力，技术进步需要高层次的人力资本投入，从而形成新的产品和服务。国内学者于必果甚至将语言也纳入商品经济组成要素的重要成分，语言经济正发挥着扩大国际影响力的重要作用[1]，而语言正是人力资本中越来越重要的组成要素之一。

第四，劳动者人力资本具有异化的性质。劳动者所积累的人力资本不是使劳动者获得尊严与价值的手段。劳动者积累人力资本的目的在于获得更多的报酬，而非促进人的全面发展。在某种程度上，商品经济阶段的人力资本是一种异化的人力资本。

马克思认为商品经济中人力资本会形成异化，主要表现在三个方面：一是劳动者同劳动产品的异化。即"劳动的产品，作为一种异己的存在物，作为不依赖于生产者的力量，同劳动相对立"[2]；二是劳动者同劳动过程的异化。即人的个体特征越来越被消除，而人的个体特征是人力资本当中的智力成分，工人同产品的联系被切断，其体力劳动变成一种机械性的重复的专门职能，物质生产过程不再是人生产商品，而是商品塑造人[3]；三是劳动者同其他"类本质"的异化。人是类的存在物，与动物不在同一层次上，在异化劳动中"把自我活动、自由活动贬低为手段"[4]。

三 服务经济状态下劳动者人力资本的特征

服务经济阶段是一个科学技术迅猛发展的新时代，科技的发展为劳动范畴注入了很多新内容和新形式，劳动力的智能化越来越明

---

[1] 于必果：《商品经济形态的新元素论》，《企业家天地》2010年第11期。
[2] 《马克思恩格斯全集》第42卷，人民出版社1979年版，第91页。
[3] 同上书，第92—93页。
[4] 同上书，第97页。

显。在一些发达国家中，劳动的主体——劳动者的素质不断科技化，从事脑力劳动的劳动者的人员越来越多，逐渐超过从事体力劳动的劳动者。而劳动者所从事的劳动的变化，又会使劳动组织及劳动者的人力资本积累方式发生变化，正如赫希霍恩所指出的，以计算机为基础的自动化，往往既改变蓝领和白领分类下工作的组织，又改变蓝领和白领分类下工作的经验。

劳动者人力资本的范畴大幅度增加：文明、科学、知识、道德品质、合作与敬业精神等都成为人力资本的重要组成部分。

第一，劳动者人力资本将由心力、智力与体力组成。体力成为人力资本中的次要因素，而心力（用心服务）对人力资本的价值与意义日渐重要。

第二，人力资本作用于生产过程中的主要方式是知识生产与用心服务。在服务经济阶段的生产过程中，物质生产的自动化、智能化水平日益提升，而人与人之间的服务关系地位日渐上升，因此，服务提供者以愉悦的心态、接受者以合作与共享的精神，共同完成服务过程，是服务的最高境界，这个过程需要的是"用心服务"。与此同时，知识正成为生产过程的第一要素，决定性要素。知识生产过程对物质生产过程具有决定性的作用，因此，劳动者的智力对人力资本的重要性也显著增加。

第三，人力资本中的人文因素、社会责任等日益彰显。服务经济的来临，使劳动者深感自己的道德责任与整个社会相关联。每一个劳动者个体担任的社会责任，体现在劳动中应用科学知识已经成为一种"政治责任"。这种责任表明劳动的结果创造出的社会财富，不仅是直接的体力劳动或脑力劳动的体现，更为重要的是责任管理的结果。这样一来，劳动就其结构而言，已经成为政治劳动。内格特指出："劳动已经成为这样一种活动方式，依据这种活动，协作精神扩展到全社会的范围，以至于任何形式的从外部强加的权力关系，都只能阻碍而绝对不会促进生产活动的发展。"

第三节 三大阶段人类群体智慧的分布

值得指出的是，在三大阶段中，人类智力的分配与使用也有着本质的区别。

在产品经济的早期阶段，书面文字尚未成为一种普遍化的使用手段，人们使用口语作为知识交流的媒介从事集体劳动，劳动资料和劳动对象是共有的，人与人之间的劳动关系是平等的，尚未形成一个知识精英阶层，人类智力均衡地分布在人群中，智力分布在劳动者之间低水平均等，遇到复杂问题时，需要人们共同运用智力解决，这就形成了原始群体智力（Original Collective Intelligence）。到产品经济的晚期阶段，社会知识精英开始零星出现，但知识精英之间的协作机制尚未形成，无法形成一个专业化的知识阶层，原始的群体智慧在社会发展过程中仍起到了关键性的作用。①

在商品经济阶段，知识精英开始成建制出现，知识阶层出现了雏形，精英教育使智力劳动被少数人控制，多数人从事体力劳动。财产权和管理权集中在少数精英手中，平民的行为被精英支配，不可能充分发挥自己的聪明才智，智力开发受到约束。由企业管理和国家治理的精英阶层行使群体智力的集权式管理权，出现了金字塔形群体智力（Pyramidal Collective Intelligence）。它贯穿于物质经济形态的劳动过程中。第二次工业革命之后出现的规模经济，使垂直一体化生产组织方式发展到极致，群体智力以层级制度和金钱刺激为基础，企业实行集中式的管理体制，高层管理人员拥有指挥企业的最高权力，并主导技术开发。因此，熊彼特认为，只有企业家才有能力推动技术创新。同时，商品经济所依赖的市场经济体制，使知识成为商品，被私有化，知识掌握在少数人手中，传播受到人为

---

① 例如，中国封建社会中的历次王朝更替、农民起义等，都有零星的知识精英参与，但是，没有证据表明知识精英作为一个阶层主动参与。

障碍的限制。知识产权由少数大型企业垄断，进一步扩大了金字塔形群体智力的不平等性，妨碍了知识生产的健康发展。

在服务经济阶段，大规模个性化教育开始普及，服务过程成为一种普遍的事业，而不是少数精英的掌中之物。因此，智力开发面向对象是所有的人，而绝不是少数人。人类行为不是由精英独揽，而是由接受个性化教育的普通个体集体执行的。信息技术的高度发达，使群体智力协作及表达成为可能。[①] 在经济活动中，能够发挥主导作用并具有主动行为能力的是人，而且是社会人。群体智力开始平等化，实现群体智力平等化的时代随之到来。在服务过程中，参与者各自贡献自己的智力，形成集体的力量，不但生产出高质量的服务产品，还组合出新型的群体智力，众包等新型商业模式正是服务经济阶段群体智力开发出新型产品的一种表现。它吸纳了广大民众，而不只是少数精英的智慧，具有平等特征。随着服务范围的拓展，信息技术的持续发展，人类智力水平的平等化摆脱了时间和空间限制，具有全球性，因此，这种群体智力的表现形式，被称为全球型群体智力（global collective intelligence）。在从金字塔形群体智力向全球型群体智力的转变中，人的智力进化向精英制度发起挑战。

第四节　三大阶段的人的发展

三大阶段发展过程中，人的发展状态也不一致。在产品经济时代，财富的创造主要依靠劳动（尤其是体力劳动）和土地；在商品经济时代，财富的创造主要依靠劳动和劳动资料。在资本主义工场手工业时期，财富的创造主要取决于劳动力，在资本主义机器大工业中则主要依靠机器。在服务经济时代，财富的创造主要依靠知识与心力。这种财富创造机制的差异，使劳动者自身发展也出现了变化。

---

① 例如，维基百科就是服务经济时代群体智力表达的一种结果。

一 马克思关于人的发展的观点及其启示

在马克思看来，现实的人的活动的历时性展开构成社会历史发展的主要内容，人在追求自身解放的历史过程中。要经过三个历史阶段：人的依赖关系（起初完全是自然发生的），是最初的社会形态，在这种形态下，人的生产能力只是在狭窄的范围内和孤立的地点上发展着。以物的依赖性为基础的人的独立性，是第二大形态，在这种形态下，才形成普遍的社会物质交换，全面的关系，多方面的需求以及全面的能力的体系。建立在个人全面发展和他们共同的社会生产能力成为他们的社会财富这一基础上的自由个性，是第三个阶段。第二个阶段为第三个阶段创造条件。即与产品经济形态相适应的"人的依赖关系"阶段、与商品经济形态相适应的"以物的依赖性为基础的人的独立性"阶段和"建立在个人全面发展和他们共同的社会生产能力成为他们的社会财富这一基础上的自由个性"[①]的全面发展阶段，对应形成人的发展的三个阶段，即原始完整的人——片面独立的人——全面自由的人。

马克思的观点对于我们研究社会经济形态的进化与人的发展之间的关系具有重要价值。

第一，不同的生产模式，对人的发展有着不同的影响。以工具使用为例，在物质生产中，使用工具是人的外在行为，体现在人的肢体动作；在服务生产中，使用媒介是人的内在行为，体现在大脑思维与人的心智。在后一情形下，人的能动性得到充分体现，对人的发展是有益的。又如，在商品经济条件下，分工的高度专业化使人成为机器的一个部件或附庸，流水线生产把人的操作和活动控制在一定的位置和范围内。批量生产遵循的是程序，劳动的程序化、机械化、专业化使人的创造能力和想象力退位其次，劳动创造了美，但是使工人变成畸形。劳动用机器代替了手工劳动，但是使一部分工人回到野蛮的劳动，并使另一部分工人变成机器。劳动生产了智慧，但是给工人生产了愚钝和痴呆。劳动已经失去了任何自主活动

[①] 《马克思恩格斯全集》第 46 卷（上），人民出版社 1979 年版，第 104 页。

假象，蜕变为用摧残生命的方式来维持生命的异己活动。个人的自主活动受到有限的生产工具和有限的交往的束缚，他们所占有的是这种有限的生产工具，因此他们只达到了新的局限性。他们的生产工具成了他们的财产，但是他们本身始终屈从于分工和自己所有的生产工具。人受劳动性质、劳动形式、劳动地域的束缚，个人的兴趣爱好受到限制甚至剥夺，劳动作为人的天然禀赋和爱好的本性荡然无存。

第二，不同的崇拜模式影响人的发展。商品经济中的人从过去依附于各种天然的酋长转而拜倒在物的等价者——金钱的脚下，市场机制和大生产流水线制造了畸形的"赚钱机器"、"生产机器"或"消费机器"。这种畸形的价值观念，将对人的发展造成不利影响。人的个性发展无法摆脱对商品货币的依赖和膜拜，这种商品和货币的拜物教性质使人忽视自身能力的培植和提高，丰富的人性物化为商品货币的单一属性，个性湮没在拜金主义、享乐主义之中。而在服务经济时代，个人崇尚个性自由，服务消费体现共享理念，将大大促进人的全面发展。

第三，不同的发展阶段产生不同的启蒙。我国学者张康之教授认为，人类社会曾经历过两次启蒙：第一次发生在中国的春秋战国时期和西方的古希腊时期，这是农业社会的启蒙运动；这是与产品经济相适应的启蒙，其本质是权制启蒙；这次启蒙是一场觉识的启蒙：思想启蒙后人类的行动开始有了比较先进的思想的指导，社会的组织形式摆脱了简单与无序的状态。第二次发生在18世纪，它是工业社会的启蒙运动。这次启蒙弘扬了民主与法治的社会治理原则，强调契约精神，其本质是法制启蒙。这次启蒙是一场解放的启蒙：思想与人性逐渐解放，社会架构开始解放，个性与自由开始张扬，并确立了分工—协作的社会体系。

那么，在今天的服务经济时代，将产生第三次启蒙，即德制启蒙。在法的精神衰微和伦理精神兴起的大背景下，以合作共享互动为特征的服务经济，将使人类进入一个新的阶段，即人与人互助的时代。在这里，人与人的合作使个人能力得到极大的发挥。

二 三大阶段人的发展

人的发展经历了三大阶段，即自然人—经济人—社会人；人际关系网络也形成了三个模式,即复杂网络、社会网络、传播网络。

在产品经济的早期阶段,人压迫人的制度还没有形成,劳动者在生产过程中有一定的自主性,但是,由于生产力比较低下,人类征服自然的能力还不强,在生产过程中,人的自由意志受到自然的奴役。从人格独立性看,人的完整性还没有受到社会的剥夺,是原始完整的人。到产品经济的晚期,劳动者的自主性降低,完整性受到破坏。在一些特定的经济社会里(如奴隶社会、农奴制社会),劳动者开始出现了人身依附。

在商品经济阶段,劳动者获得了法律意义上的独立。但是,由于生产过程的物化,劳动者缺乏足够的生产资料,无法独立自主地从事生产活动。因此,劳动者在法律意义上的独立,只是脱离了原有的人身依附关系,获得了自由出卖其劳动的权利,只是片面独立的人。与此同时,劳动者的劳动过程是异化的[①],主要从事生产与自己相对立的商品。

在服务经济阶段,劳动者不但在法律意义上独立,而且,由于生产过程需要其投入更多的心力资本,这使其在劳动过程中逐步获得自主权。在劳动者逐步走向自觉的情况下,劳动者开始获得全面的自由。但是,由于生产资料所有制的限制,劳动者获得全面自由,将是一个漫长的过程。

第五节 三大阶段劳动者特征:小结

表 5-1　　　　　　　　三大阶段劳动力特征比较

	产品经济	商品经济	服务经济
基本生产者	狩猎者(早期)、农民	工人	全新的服务人员
人力资本作用方式	体力	体力+智力	体力+智力+心力

[①] 商品经济阶段劳动者的异化问题,参见本书相关章节的论述。

续表

	产品经济	商品经济	服务经济
劳动者异化	受到自然奴役的自主劳动者	异化的劳动者	逐步走向自觉的劳动者
生产者/消费者关系	生产者与消费者同一	生产者与消费者对立	生产者与消费者协作与共享
劳动	直接作用于手工工具的体力劳动	以支出自身能量为主的、操纵机器的体力劳动	脑力劳动、用心服务提供的个人全面劳动
人的发展	原始完整的人	片面独立的人	全面自由的人
人的启蒙	权制启蒙	法制启蒙	德制启蒙

第六章　三大阶段的经济生活特征

第一节　三大阶段的交易过程

一　交换的扩展及市场规模的扩张

产品经济阶段，生产过程中的剩余产品非常少，交换只在有限的范围内，在不同共同体的边界上发生着，只是附带、偶然进行的易货交易，在整个经济中不起支配作用。自给自足的生产方式是与孤立封闭的生活方式相辅相成的。缺少交换自然导致缺少交往，加上高效交通方式的缺乏，《老子》的"甘其食，美其服，安其居，乐其俗，邻国相望，鸡犬之声相闻，民至老死，不相往来"，正是这种闭塞的、田园诗般的社会的生动写照。没有商品货币关系，维系人的关系的纽带只能是自然血缘关系和统治从属关系。正如马克思所指出的，"在真正的自然经济中，农产品根本不进入或只有极小部分进入流通过程，甚至代表土地所有者收入的那部分产品也只有一个比较小的部分进入流通过程，例如，古代罗马许多大领地和查理大帝时的领地都是这样，整个中世纪的情形也或多或少是这样"[①]。

总体来说，产品经济阶段的市场交换过程有着以下特征：

第一，交换关系是有限的，非系统化的。在低生产力情况下，社会仅存在着有限的交换关系。即使到产品经济后期，随着社会生

[①] 《马克思恩格斯全集》第25卷，人民出版社1974年版，第886页。

产力的发展，交换范围扩大，职业商人阶层开始出现，交换仍未能成为社会生活的主流。正如马克思所指出的，古代的商业民族存在的状况，就像伊壁鸠鲁的神存在于世界的空隙中，或者不如说，像犹太人存在于波兰社会的缝隙中一样，他们不关心也不干扰尘世的生活。这种存在"是以生产民族的野蛮状态为基础的。这些商业民族……在这些生产民族之间起着中间人的作用"①。

第二，价值规律尚未确立。产品经济阶段的交换，其前身是馈赠，随着馈赠范围的扩大，才产生了交换。这种基于馈赠的交换，即使发生，也缺乏确定的价值规律。一般而言，物品的交换价值与交换者之间关系的亲近度有着联系。②

商品经济是一种为了交换而生产的经济体系。在这种经济体系中，交换已成为社会经济生活的一种常态。在实践发展过程中，商品交换和市场不断扩大，由地方市场到国内市场到世界市场，从消费市场到要素市场，由现货交易市场再到期货交易市场、衍生品交易市场等金融市场。商品生产是普遍化的商品生产，劳动力也成为商品，一切有使用价值的典型都趋向商品化，而以价格信号为代表的市场机制成为资源配置的最重要方式。

商品经济阶段的交换及市场主要有以下特征：

第一，交换是基于社会化的分工。在大规模的分工下，交换的对象不再是零星的剩余产品，而是专业为交换而生产的商品。

第二，价值规律发挥着根本性的作用。在商品生产阶段，价值成为最大的追求目标，"为买而卖"变为"为卖而买"。价值规律的作用得以完整体现：它按照一定的比例关系调节生产要素在各个部门的分配；刺激生产者竞相采用先进技术和设备、改善经营与管理、提高劳动生产率；不同的生产者和消费者以此实现各自的经济利益。

第三，市场规模得到了前所未有的扩张。在市场规模的扩张过程中，不仅是空间地理范围内的扩张，更重要的是，市场交易的商

---

① 《马克思恩格斯全集》第48卷，人民出版社1985年版，第367页。
② 参见［美］萨林斯《石器时代经济学》，生活·读书·新知三联书店2009年版。

品范围也得到了扩张。不但各种有形商品，而且各种无形产品，如专利等知识产权、各种服务等，均成了市场交换的内容。而生产要素，乃至于劳动者，也形成了各自的交易市场。交换已渗透到社会生活的每一个方面。

服务经济阶段，交换的重点从有形商品转向无形的服务产品。虚拟的网络市场的形成，使交易突破了时间与空间的限制，可以实现随时随地交易。

服务经济阶段的交易与市场规模主要有以下特征：

第一，交易的对象，重点是无形的服务。在服务经济阶段，服务在经济中占据了最重要的地位，也成为最重要的交易对象。

第二，服务产品的定价模式不同于有形商品。在服务经济阶段，情感价值、体验价值、愉悦价值等诸多方面的价值在服务中得以体现，这突破了商品经济时代主要基于成本的定价模式。在具体应用方面，服务的定价模式更多地体现了服务提供者的体力、智力与心力因素，而后者在商品经济阶段没有得到体现。

第三，服务产品交换过程，还体现了互惠、互利、互动等非经济因素，这远不同于商品经济阶段。

二　交易组织形式的进化

在不同的社会经济发展阶段，交易组织形式是不一样的。

在产品经济阶段，交易行为是偶发的、零散的、小规模的，因此，交易组织形式是不固定的零星市场，市场以习俗化、非固定式的组织形式为主，价格形成机制也是比较随机的。

在商品经济阶段，交易成为生产的主要目的，因此，交易场所开始固定化，而且出现了多层次的交易市场。希克斯写道：事实从来就是，市场作为一种组织形式，并不是（或并非完全是）农民或手艺人的产物，而是商人和后来是金融家的产物。商品市场和金融市场就是市场体系自由活动的地区；当市场体系开始形成土地和劳动市场即要素市场时，便渗透到或者说"打入"比较顽固的区域。在这种区域里，其原则并不适用，或者要花费很大气力才能变得适用，因此从很早起就有了斗争并一直继续到当代（虽然其方式已有重大变化)。①

随着商品交易市场的扩大，要素市场、期货市场、金融市场等不断完成，社会完成了商品化过程。其交易场所，也从固定的物理场所，向虚拟的各类交易场所演化。

服务经济阶段，随着信息技术的进步，市场组织形式不断多元化，而服务的无形性特征，又使服务产品的交付形式不断进化。例如，云计算的出现使大量的软件产品、知识产品等，可以实现远程云交付。

三　交易媒介的发展

在产品经济早期阶段，易货交换是一种主流形态。随着交换范围的扩大，交易媒介扩展为具有稀缺性与不易腐蚀的物品。例如，贝壳等。到产品经济晚期阶段，贵金属成为最主要的交易媒介。

在商品经济阶段，货币成为最重要的交易媒介。货币的重要性超越了人际关系，甚至超越了商品本身。正如马克思所指出的，"人们信赖的是物（货币），而不是作为人的自身。但为什么人们信赖物呢？显然，仅仅是因为这种物是人们互相间的物化的关系，是物化的交换价值，而交换价值无非人们互相间生产活动的关系"②。货币作为一种普遍的交易媒介，对于交易范围的扩张，交易的泛化，有着极其深刻的意义与影响。

到服务经济阶段，信息化使电子化货币乃至很多数字化商品都成为交换的媒介。例如，各种网站上的虚拟货币、互惠社区中的虚拟货币。

第二节　三大阶段的分配过程

一　分配模式的进化

在产品经济的早期阶段，分配模式是以家长或克里斯玛型领导为权威，根据劳动贡献与需要进行分配。在分配过程中，会重点考

---

① [英] 约翰·希克斯：《经济史理论》，厉以平译，商务印书馆1999年版，第93页。
② 参见《马克思恩格斯全集》第30卷，人民出版社1995年版，第110页。

虑个人对家庭的贡献，以及血缘关系、身份关系等。整体上看，分配模式是基于人的基本需求而进行的。

在商品经济阶段，由于劳动力、资本等生产要素都已商品化，因此，分配是按照商品交换模式来进行的。例如，劳动力所得工资是根据劳动力市场的竞争情况来决定，而非劳动力对生产过程的贡献来确定。资本按照资本的市场价格①以及其所承担的风险参与分配过程。由于生产过程的物化，资本在生产过程中重要性日益凸显，社会分配呈现出资本主导的模式。

在服务经济阶段，资本仍然作为重要的生产要素参与分配，但是，劳动者成为最重要的生产要素，在分配过程中的地位得以提升。因此，劳动者得以通过多种渠道获得收入，社会分配模式向劳动者主导的方式转型。

二 参与分配的要素的变化

在产品经济早期阶段，参与分配的要素主要是劳动力，但是，由于基本没有剩余产品，劳动者仅能获得劳动力简单再生产的劳动产品，社会处于一种低水平的公平状态。到了产品经济的晚期阶段，土地成为最重要的生产要素，开始参与分配过程，地租成为一种重要的分配模式。而国家的扩大化，也使国家开始利用其统治权力，参与到生产分配过程中。社会分配开始变得不公平。

在商品经济阶段，参与分配的要素主要是资本、劳动力与技术，在商品经济初期，资本在分配中占据了核心地位，几乎获得了全部的剩余劳动产品，劳动者仍只能获得略高于劳动力简单再生产的报酬；到商品经济晚期，社会产品极大丰富，科学技术的重要性不断提升，劳动者以其人力资本（主要是体力与智力）参与分配，开始获得了较大份额的报酬。

在服务经济阶段，劳动者作为最重要的生产要素参与分配，劳动者的人力资本的三个要素（体力、智力与心力）均能够参与分配，获得大部分的报酬。

---

① 由于社会利润的平均化趋势，资本将会出现一个统一的价格。

三 社会资源配置机制的演进

产品经济时代，人类配置资源的方式主要依靠习俗，也就是靠整个社会的风俗习惯以及民众的消费偏好。在摩尔根笔下的古代社会、马林诺夫斯基的《西太平洋的航海者》中的那群土著居民、马塞尔·莫斯的《礼物》中的毛利人等，都是对原始社会经济形态及其资源配置方式进行的描述。在初民社会里部落之间以及部落内部之间既没有计划，也不存在市场，部落之间及其内部资源或产品的配置是按照习惯或偏好进行的，也有的是按照伦理、道德、习俗进行配置资源的。

在商品经济阶段，人类配置资源的方式主要依靠市场，各个经济主体按照自己的理解与判断进行独立的决策，其目的是实现自身利润与效用的最大化。资源配置通过市场机制，即通过市场上的价格机制、供求机制以及竞争机制去引导资源的流向。正如恩格斯所言："只有通过竞争的波动从而通过商品价格的波动，商品生产的价值规律才能得到贯彻，社会必要劳动时间决定商品价值这一点才能成为现实。"①

在服务型社会里，人类配置资源的方式主要是依靠服务。服务既是配置资源的手段与方式，也是资源配置方式变化的结果。一方面，服务型社会里，依旧要积极吸收习俗、偏好、权威、计划以及市场等配置手段的合理内核。另一方面，人们越来越愿意采取服务的方式配置资源，资源的配置越来越取决于对象的服务能力、服务手段以及服务水平而不是其他因素。②

第三节 三大阶段的消费过程

一 需求的变化

产品经济时代，生产力的低下和社会分工不发达决定了自给自

---

① 《马克思恩格斯全集》第21卷，人民出版社1965年版，第215页。
② 参见孙希有《服务型社会的来临》，中国社会科学出版社2010年版，第106页。

足的生产方式。人们从事简单生产是为了满足基本的生理需要，满足于解决温饱问题。清心寡欲，知足常乐，不求发展。这正如马克思所说的那样：个人被置于这样一种谋生的条件下，其目的不是发财致富，而是自给自足。

商品经济时代，满足人的生理需要的同时，还满足人对物质追求的精神心理。商品生产的目的不仅是谋生，更是追求财富的积累和增长，在本质上不是需求型经济，而是获利型经济。商品生产虽然要通过商品的使用价值来满足人的需要，但其根本目的和动机，不是使用价值和享受，而是交换价值的增值。满足需要是前提和手段，获利才是目的。生产已经超越了仅能满足生存需要的阶段，而进入了财富积累时期。

服务经济阶段通过服务过程的人际互动，满足人的精神需求。服务经济是在"商品选择过多，亚文化的崛起，生活的多样性增加，信息超负荷"的背景下出现的一种新的经济形态。而且，随着商品生产的日益丰富，人类的低层次的需求不断得到满足。而自我实现需要成为主流，消费者、生产者、服务提供者均有自我实现的需求，需要在满足人的精神需求的同时，建立了一种新型的人际关系。

消费从以往的生活手段变成了一种时代潮流、一种生活方式，不仅渗透于社会生活的各个方面，而且成为一种普遍的心理享受和经常性的文化活动。消费不仅仅是甚至主要不是为了满足消费者生理上的物质性需要，而是为了满足其品位、虚荣、炫耀等心理需要。"在消费社会，需要被别人承认和尊重往往通过消费表现出来，买东西变成了既是自尊的一种证明，又是一种社会接受的方式。"[①]需要的增长从既往的自发扩张转为企业、媒体乃至于政府人为的有意"制造"。在这种社会里，许多人不是为了生存而消费，而是为了消费而生存，消费俨然已成为时代的标志性符号，以至于从学界到大众都以"消费社会"称呼所处的时代。正如詹姆逊（又译詹明

---

① ［美］艾伦·杜宁：《多少算够》，吉林人民出版社1997年版，第20页。

信)所指出的:"一种新型的社会开始出现于第二次世界大战后的某个时间(被五花八门地说成是后工业社会、跨国资本主义、消费社会、媒体社会,等等)。新的消费类型;有计划的产品换代;时尚和风格转变方面前所未有的急速起落;广告、电视和媒体对社会迄今为止无与伦比的彻底渗透;市郊和普遍的标准化对过去城乡之间以及中央与地方之间紧张关系的取代;超级高速公路庞大网络的发展和驾驶文化的来临——这些特点似乎都可以标志着一个和战前旧社会的彻底断裂。"①

二 消费行为的特征

在商品社会里,源于社会化分工的工业化大生产,尤其是大规模、标准化生产,使人类生产力得到了极大的提升。这种现代工业经济生产模式,是以人与自然二元对立的思维模式为基础、以对人类知识理性和主体性的强调为核心的,它用理性化的社会建制(包括市场经济体制、民主法制、个人主义等)协调着具有不同才能世俗化的人们为发展工商业而效力,其典型特征是"世俗趣味的高涨、工具理性的蔓延和个性表现的放纵"。

社会化大生产,在大幅度提升社会生产力、极大地满足人们的物质需要的同时,也使人本身产生了极大的变化。

在商品生产条件下,一方面,消费主义盛行,个人无法摆脱对商品货币的依赖和膜拜,陷入商品和货币的拜物教中。对物质的崇拜产生了"技术至上主义"或者说"技术统治"。这种技术统治的特征是商品和娱乐。大量商品借助大众媒体,传达着一套生活方式,并把人消解到给定的秩序中,使其丧失了批判和超越的维度。商家以文化、娱乐等为手段,不断地制造虚假需求,人们进行着强迫性消费而不自知,不是产品为了人的需要而生产,而是人为了消费商品而存在,人们不是自由地按自己的真实意愿生活,而是趋之若鹜地做着商品的奴隶,人的心灵已经完全为物质商品所支配,人

---

① [美]詹明信:《晚清资本主义文化逻辑》,生活·读书·新知三联书店1997年版,第418页。

全部的热情和希望也完全寄托在商品消费中，社会需求在潜移默化间转变为个人需求。正如马尔库塞所指出的，当一个人生活在病态社会中，反而感到舒服正常，"异化了的主体被它异化了的存在所吞没"变得麻木，人变成了单向度的人。

另一方面，在个性张扬的表象下，丰富的人性被物化为商品货币的单一属性，个性湮没在拜金主义、享乐主义之中。市场经济规律作为"一只无形的手"无时不操纵着个人的命运，交换规律以大量的偶然性、随机性和不确定性盲目地、无常地支配着个人。在这种情势下，不仅劳动者的个性受到社会偶然性的压抑，即使是资本所有者也整日为利润所左右，个性也不可避免地被异化，只不过表现为劳动者异化的派生物而已。

在服务型社会里，崇尚体现个性、互动与体验的消费。人们投资于健康的生活消费，交往将成为整个社会的重要生活观念。人们从食物的生产、加工到日常生活用品乃至其他物品的选用不再以实用性为尺度，也不再以价格为依据，更多的是考虑到物品与健康的关系，人们越来越选择有利于自身健康的服务及消费。[①]

三 消费关系的演进

在经济发展的任何阶段，消费都是一种重要的社会关系。

（一）产品经济阶段满足人的需要、注重使用价值的消费关系

在产品经济阶段，消费的目的是生存。消费关系很简单，就是尽可能地延长人的生命。在商品不足以满足所有需求的情况下，将通过传统、习俗、权威等方式，对已有产品进行分配，并由此进行消费。从消费者的角度，对物的使用价值的重视远远超过了其符号价值。

（二）商品经济注重符号消费、导致消费异化的消费关系

商品经济阶段，消费的功能复杂化，消费成为一种异化的手段。尤其是进入发达商品经济阶段之后，市场开拓成为企业家最重要的职能之一，因此，消费开始畸变。

[①] 参见孙希有《服务型社会的来临》，中国社会科学出版社 2010 年版，第 106 页。

第一，过度性消费、炫耀性消费和挥霍性消费成为潮流和时尚。由于商品经济所特有的文化消解模式，对消费的意义进行了解构与重构。因此，消费生活方式和大众消费支配了所有社会成员：只要他们醒着。机会无穷无尽，市场定位的新要求无休无止。服务业和休闲业丰富多彩，还有从每一种能够想象得到的——和不可思议的，虚拟现实的——媒体中发出的信号和影像。

第二，从物的消费进入符号消费的领域。在符号消费过程中，消费被赋予符号消费的意义，"物—文化—服务"层层递进。正如波德里亚在《消费社会》里所指出的，"为了构成消费的对象，物必须成为符号"。因此，日常生活消费的主要用途之一就是与他人形成差异，正是符号之间的关系，使"差异"得以确立。但是，这种符号化的"个性化着的"差异再也不会把个体相互对立起来、真正区别开来。无论怎么进行自我区分，实际上都是向某种范例趋同，都是通过对某种抽象范例、某种时尚组合形象的参照来确认自己的身份，并因而放弃了其一切真实的差别和独特性。它们并没有给一个人贴上独特的标签，相反它们只是标明了他对某种编码的服从、他对某种变幻的价值等级的归并。

第三，商品与文化的混同。在万花筒式的"杂货店"里，制造了所谓的"氛围"游戏，试图造成一种符号的模糊性，从而使各种资料都平等地成为全部消费符号的一部分，使商品符号相互混同，使文化与商品相互混同。因而，超级购物中心可以成功地将"艺术和娱乐与日常生活混而为一"。在这个意义上，"我们从大众交流中获得的不是现实，而是对现实所产生的眩晕"。

第四，消费日益异化。消费品从满足人的需要变成人的主宰。马克思在《1844年经济学哲学手稿》中，提出了"异化劳动"的概念。指出劳动者与他所生产的产品相异化是异化劳动的理论内容之一；后来在《资本论》中又提出了"商品拜物教"之说：人与人之间的关系在商品社会中变成了物与物之间的关系，物对人的物化统治代替了传统的人对人的阶级统治。由此，才产生了资本主义社会中各种病态现象。而当代思想家马尔库塞则在继承马克思的上述思想基础上，提出了消费异化这一概念。他认为，第二次世界大战之后，资本主义发展出现了一个新的变化，异化已经侵入消费领域，出现了消费异化。何为消费异化？马尔库塞并没有明确给予界定，但从其著作的字里行间中可以推导出他的消费异化的内涵是：消费本来是满足人们生存需要的手段，但在工业发达社会中，消费的这一功能却被赋予了另外的意义，它成为人们补偿劳动失去自由的手段，是人们回避现实的艰辛和不幸的避难所；统治阶级对人们的消费进行操纵和控制，使消费成为新的社会控制的手段。

（三）服务经济时代以个性化、互动与体验为主的消费关系

在服务经济时代，消费成为个性表现、情感体验与心情互动的一种方式。

因此，服务经济阶段的消费，首先反映了消费者的个性，消费者以自己的个性，取代商品经济时代的符号价值。表现个性而非表现价值，是服务经济时代消费关系的一个重要方面。

同时，消费者的情感体验变得日益重要，消费者的消费过程是对自己情感的一种探索，具有深刻的体验价值。

服务消费过程中，消费者与服务提供者之间的情感互动也日益重要，服务消费过程成为一种心情传递过程。这种过程的价值与愉悦，将超越物质消费、符号消费带来的心理满足。

第七章　三大阶段的社会关系特征

经济发展必然会影响社会关系的变动。卡尔·波兰尼在其1944年的经典著作《大转型》中指出，市场脱离社会（disembedding）而统率一切的设计，只会带来社会自然演发的反向保护机制。市场和社会有着明显的双向运动（double movement）。

第一节　社会关系网络的演进

社会关系网络是社会关系的基础，对于人的发展也具有重要意义。马克思指出，一个人的发展取决于他直接或间接进行交往的其他一切人的发展。

在产品经济社会里，血缘关系是人际关系的基础。正如梅因所指出的，在人类社会的幼年时代，作为社会单位的，不是个人，而是由真实的或拟制的血缘关系结合起来的许多团体的成员。个人并不为自己设定任何权利，也不为自己设定任何义务，他所应遵守的规则，首先来自他所出生的场所，其次来自他作为其中成员的户主所给他的强行命令。

产品经济时期的社会特点是"自然共同体"，这种共同体是依据血缘、地域、等级关系结成的，如家庭、氏族、民族、国家等。这类共同体的组成虽然具有社会关系、生产关系的雏形，但首先是由自然地理环境、血缘血统关系等自然性联系造成的，这时的经济联系隐于自然性联系背后，或受自然性联系的决定和支配。例如只有具有血缘关系的家庭才能作为一个生产单位存在，而不具有血缘关系、不属同一家庭成员的就很难进入这个生产单位；一个人在生产关系、社会关系中的地位，也主要是依据血缘（辈分）血统（等级）关系来确定。从社会整体表现来看，是政治伦理关系笼罩和支配社会生活。

在商品经济阶段，直接以商品生产和交换的经济关系为基础和内容，建立起人们之间的真正社会关系。马克思说：普遍的需求和供给产生的压力，促使毫不相干的人发生联系。商品交换关系是不以血缘、地域、民族、语言为界限的，不论人们有没有先天联系，相识或不相识，都可以通过需求和供给的关系发生联系。联系扩大了人的活动范围，把传统的自然性联系变成了普遍的社会性联系，淡化了自然共同体意识（家庭意识、乡土意识等），培养和强化了人的社会意识。人类社会作为一种真正意义上的社会的形成，人摆脱生存的自然性状态而走向社会化，还是从商品经济时期开始的，以前的时期只能说是人类和社会发展的不成熟或雏形时期。

商品经济社会，工业化还带来了其他影响，尤其是对人际关系带来了深刻的影响。正如霍尔茨（2004）所指出的，工业时代所呈现的面貌具有相当的多样性，但却较少涉及和谐与进步。20世纪20年代，由导演弗里兹·朗格拍摄的影片《大都会》向人们展示了人类作为机器的附属物的一面：机器人、单调的节奏、不理智地追求速度。工业化是和暴力、环境污染、剥削联系在一起的。快速的进步必定是以人的疏远为代价。产品的生产、时间、空间、家庭生活的文化内涵也会在机械工艺不断进步的过程中被彻底改变。

进入服务性社会，随着交换范围的扩大，人际关系发生了显著变化。社会从熟人社会进化到陌生人社会，契约取代血缘成为人际关系的纽带，在交换的带动下，实现了"从身份到契约"的伟大转变。① 这个转变是个人人格状态的一种根本性变化，即个人从依附于"家族"转变为独立、自由和自决的个人。

---

① 梅因在《古代法》中写到，所有进步社会的运动，到此处为止，是一个"从身份到契约"的运动。

同时社群兴起，社群在某种程度上正在替代个人。从社会关系看，随着以家庭、亲族、邻里和社区为生活重心的时代的过去，个人在享受着自由的快乐的同时，也开始产生一种"无根漂泊"的恐惧。"以美国社会为例，如贝拉（R. Bellah）等便认为在生活的各个面相都充斥着焦虑、不安、竞争、寂寞和疏离等症状，彼此间缺乏感情的联系，这样下去必将产生自我解构的危机"（英国法学家亚伦：《古代法》导言）。面对庞大的社会机器，个人的渺小性日益凸显。此时，个人的自我目的不可能独自实现，个人的孤独感日益强化，因此，个人必须通过结成社会团体，在与他人追求共同的理想中，以群体的力量对抗社会的压力，在群体的生活中满足自我的精神需求。

因此，在服务经济阶段来临时，一种向人类群体的回归便出现了。当这种人类群体不再是传统的家庭、亲族等初级团体时，各种各样的社会团体便取而代之，并对现代人产生了相当复杂的意义。

有意思的是，在社群内部，成员之间通常会提供一种互助式服务。这种服务一般都具有共享的性质，而且会给各方带来愉悦。[①]

第二节 三大阶段的人际关系特征

三大阶段的人际关系特征因生产方式的差异，出现了明显的不同。马克思指出：人的本质并不是单个人所固有的抽象物。在其现实性上，它是一切社会关系的总和。因此，人际关系的出发点是人的社会关系，而后者又取决于社会经济发展状态。

[①] 在一篇名叫《我们的孙子们面对的经济可能性》（*Economic Possibilities for Our Grandchildren*）的文章中，约翰·梅纳德·凯恩斯（John Maynard Keynes）预言说，几代人之后，"人将面对他真正的、永恒的问题——面对科学和复利帮他赢得的、从迫切的经济问题中解放出来的自由和休闲时光，他该如何使用才能活得有智慧、快乐且健康？"在社团里提供互助服务，将给人带来极大的愉悦，达到凯恩斯说的"活得有智慧、快乐且健康"的状态。

1. 产品经济阶段人际关系的特征

产品经济阶段具有人际关系简单、人际交往范围狭小、人际关系主要靠血缘关系进行维持等特征。

第一，人际关系受制于经济发展水平。产品经济以农业和手工业为主要产业，是自给自足的经济，每一个人都必须从属于和依赖于一个人群共同体，如家庭、氏族、部落、村社等。生产者终年束缚在不能移动的土地上和不能脱离的自然形成的共同体内，束缚在所有权分配使他所处的社会等级内。在这种自然形成的封闭状态下，自然的共同体限制了人的活动天地，交换交往只是在有限的范围内。① 人们画地为牢，老死不相往来。

第二，复杂的语言系统制约了人际关系的发展。语言是劳动和社会交往的产物，是人际关系的中介。交换带来了社会交往和精神交往，而产品经济的共同体孤立、封闭的存在状态使语言的差别成为人际关系发展的地域障碍之后的又一障碍。产品经济条件下语言的分散与复杂，极不利于不同语言群体之间的交流，大大制约着人际关系的广度和深度。

第三，交换手段与交换效率制约了人际关系范围的扩大。人际关系的进行必须借助于一定的手段，产品经济条件下交换手段的不发达限制了人际交往的扩大。在产品经济条件下，人们的结绳记事、甲骨刻文、烽火传讯、串简成册、订纸成书、邮递书信和用牲畜如牛、马（拉车）作为运输工具，这种落后的交换手段使得人类交往水平和交往效率十分低下，使人际交往越来越简单。

第四，人对自然的依赖以及家庭式生产单元，使血缘关系成为维系人际关系的最重要的纽带。在产品经济阶段，大自然在人类生产中具有主导地位和作用。慑于大自然的无限威力，人们只能在相互依存并对自然的依赖关系中以群体的力量去求取人的生存。因

---

① 斯塔夫里阿诺斯在《全球通史》第一篇导言里写到：史前时代，食物采集者的活动只能局限在进行狩猎活动的方圆数英里内；原始耕作者的活动只能局限在自己所在的村落及周围的田野和牧场上。因此，史前时代人类各群体的活动范围可以说是"地方性"的。

此，家庭作为最基本的生产单元，以及由此扩展到氏族内部的馈赠关系与生产过程中的协作关系，强化了血缘关系在人际关系中的意义，人依附于由血缘关系结成共同体。在血缘关系的指引下，共同的信仰与图腾崇拜等进一步强化了这种人际关系特征。

2. 商品经济阶段人际关系的特征

商品经济阶段人际关系远较产品经济阶段复杂。其特征包括建立在平等交换基础上的交往关系范围急剧扩张、经济关系成为人际关系的重要联结点、人际关系脱离人类情感特征而趋向于物化。

第一，人际关系以经济关系为特征，并具有表象上的平等。交换是商品经济存在的枢纽。商品交换在形式上是物与物之间的交换，但实质上却是人与人之间关系的交换，这种交换实现的前提就是自由、平等。"只有他们在需要上和生产上的差别，才会导致交换以及他们在交换中的社会平等。"[①] 在商品经济条件下，由于一切产品都是商品，一切商品都必须同货币相交换，人际关系表现为经济关系。也就是说，人际交往的出发点、目的及过程都渗透着经济关系，利益成为人际关系的重要纽带。

第二，人际关系趋向于物化。在商品交换过程中，货币的权力增大了，作为交换主体的权力和自主性也增大了。每个人生产的直接目的都是交换价值，为了换取货币；每个人需要的产品都要用货币来换取。这样，人与人之间的社会依赖关系就表现为物的依赖关系。通过物化的形式，人际关系具有了普遍性，只有通过物的交换关系才能建立起他们之间的社会关系和人际关系。在这种形式中，人已从自然人身剥离出来，体现为货币、商品的物化形式，人的价值、地位也就不再表现为血统、出身等自然禀赋，而是取决于对于财富的物化关系，人具有了价值和使用价值，成为商品，人际关系也成为一种经济关系。司马迁早在《史记》里就描写过："天下熙熙，皆为利来；天下攘攘，皆为利往。"在物质产品尚未极大丰富以前，人与人之间为物质利益而交往是不可避免、无可非议的。

[①] 《马克思恩格斯全集》第46卷（上），人民出版社1979年版，第194页。

第三，人际关系体现了"人—物"对抗、"人—人"对抗的双重性质。商品经济是自由个性生成的现实基础，它在满足人们的物质需求和摆脱自然力控制方面，史无前例地张扬了人性，从其可能性上说为人的自由个性的形成和发展开辟了道路，但并非意味着人的自由个性的实现，人的个性发展无法摆脱对商品货币的依赖和膜拜，个性湮没在拜金主义、享乐主义之中，导致了人性的畸形发展。因此，产生了商品经济背景下的"人—物"对抗性。由于"物"背后所体现的人的利益因素，因此，这种"人—物"的对立关系，实质反映了"人—人"之间的冲突与对抗。

第四，血缘关系等纽带被打破，个人以其独立的身份进行人际交往。在商品经济时代，人们从天然的血缘关系和形形色色的人身依附关系中解放出来，形成了个性独立和原子式的个人。这种个人不再以血缘、身份或其他原因而依附于他人，而具有了独立的人格，并取得了在社会上的独立地位。正如马克思所指出的，商品经济阶段，"人的依赖纽带、血统差别、教育差别等等事实上都被打破了，被粉碎了……；各个人看起来似乎独立地，……自由地相互接触并在这种自由中相互交换"[①]。

3. 服务经济阶段人际关系的特征

进入服务经济阶段之后，由于生产力的进步以及生产方式的变更，人际关系发生了巨大的变化，其核心是人际间的合作关系变得极为重要，在服务过程中的互动意识的建立，使共享作为一种基本伦理渗透到人际关系之中。

第一，合作成为人际关系的基点。在服务经济时代，服务是社会最重要的产品，知识是最基础的生产资料，人们需要共同配合完成服务过程，需要深度合作完成知识创造过程，因此，在整个社会经济生活中，合作成为人际关系的基本出发点。

第二，共享成为人际关系的目的。知识具有天生的共享特征，在某种意义上，知识是越共享越增值的。因此，知识创造过程是以

[①] 《马克思恩格斯全集》第46卷（上），人民出版社1979年版，第110页。

信息共享为特征的。而对于服务过程来说，服务往往需要服务提供方与服务接受方共同完成，在这种过程中，双方是以快乐共享为特征。信息共享与快乐共享（或者情感共享），对人际关系形成极其重要的影响。由于共享对社会经济生活的普适化，使共享成为人际关系的目的。这与商品经济阶段以对金钱的占有作为人际关系的目的是有着天然的区别的。

第三，互助、互动等具有相对意识的行为日益普及。由于满足物质需要的手段日益丰富，信息沟通技术的高度发达，对人类而言，互动、互助等意识将日益普及，使人类在互助、互动过程中，完成对自身的超越。

第三节　三大阶段的信任关系

与三大社会经济发展阶段相适应，人类社会演进先后出现多种不同的信任模式。

第一，产品经济前期是习俗型信任模式。在产品经济社会，社会组织化程度比较低，人们的生活比较固化，在一个特定的范围里，契约与交换是一种偶发的行为。因此，其信任关系是基于习俗的，即习俗型信任。在产品经济的后期，家庭成了最重要的生产单元。家庭化生产，使血缘型信任日益重要。大量信任关系都局限于家庭的内部。例如，中国著名社会学专家郑也夫在《信任论》中提出，中国人的信任从未超过家庭范畴。随着封建制国家的建立，威权型信任也成为社会的一种重要信任模式。无论是习俗型信任、血缘型信任，还是威权型信任，在本质上都是一种人格化的信任，即个人的血缘、身份、地位等因素，在信任关系的建立过程中起到了非常关键的作用。

第二，商品经济的契约型信任。与商品经济相适应的是，大规模的商品交换、日益扩大的交换范围、法制国家的兴起等，使信任关系变得规范化。在交换过程中，个人的独立行为是非常重要的，交易行为促使"从身份到契约"的转变。因此,信任关系转变为一种契约型信任。契约型信任是一种非人格化的信任关系,他抽掉了人的非理性存在的方面,是一种积极的不信任。契约型信任与商品经济相适应,成长为一种具有历史进步意义的信任机制。

第三,服务经济阶段的合作型信任。契约型信任关系存在着先天不足,契约型信任下的任何规章其实都是不完全契约,漏洞是必然存在的。所以机会主义行为不可能完全避免。也正因如此,契约型信任对人际关系有着巨大的负面效应。在服务经济阶段,由于服务产品的无形性、生产与消费的同步性、价格的难确定性等问题,人们需要团结给人以安全感,合作给人以保障,因此,契约型信任无法成为服务经济阶段的主流信任模式。而服务完成过程中的互动、合作与共享,为合作型信任打下了良好的基础。

从未来发展取向看,随着信息技术的进步,大数据等新型信息技术将在人类信任关系重构中发挥巨大的作用。可以预期,以合作为基础、以共享为目标、以契约为辅助的信任关系,将是服务经济阶段的主流信任模式。

下篇 服务经济阶段的研究

从20世纪80年代开始，世界经济向服务经济转型。这是继工业革命之后的一次新的经济革命，是从技术到产业组织、经营管理、商业模式、运行体制、发展方式的全方位变革，可以称之为"服务革命"。在服务带动下，社会全面嬗变，开始由商品经济向服务经济转型。

在"服务经济"阶段里，各个行业及部门，生产与消费、经营与管理都是以服务为理念、以服务为手段、以服务为目的。在这样的社会里，服务不仅普遍性地存在于服务行业，而且也存在于生产领域以及日常生活领域，使得服务成为引领社会潮流的标准。在这里，现有的各个产业都成为服务的一部分，人们的生产与生活都离不开服务，也都体现为服务，并以服务表现着自己的存在。于是，服务构成了经济增长与发展的动力，服务由此成为这种社会类型的核心要素。[1]

本篇旨在对服务经济时代的特征及未来进行深入研究。本篇首先对服务经济的理论渊源进行了考察，然后对服务经济阶段的特征进行了分析，本篇的研究指出，服务经济阶段是社会经济发展的一个重要阶段，在这个阶段，人成为社会的真正核心，服务产品成为满足人需要的最重要的产品，而与人相关的要素则成为最重要的生产要素；最后对服务经济的未来以及中国特色服务经济进行了探讨。本篇研究的结论表明，我们社会已开始步入以个人体验及人与人关系为核心的服务经济时代，在这个时代里，以"人"及其关系为特征的中国特色服务将迎来新的发展机遇。

---

[1] 参见孙希有《服务型社会的来临》序言（景天魁撰写），中国社会科学出版社2010年版。

第一章 服务经济的理论渊源

第一节 服务经济思想的起源

一 古典经济学家关于"服务"及"服务业"的论述

从思想史的视角看,重商主义(mercantilism)首次明确提出,服务发展与物质发展具有同等重要的意义。因为重商主义的一个基本理念是贸易创造财富。

重农学派的学者一般认为是反服务经济的,因为他们认为只有农业才创造价值,而工商业只是经济中的消耗部门。很多重农学派学者也论述了服务业的重要意义。例如,杜阁[①]指出,还有一种不必劳动而且不必占有土地就可以致富的方法[②],即商业。布阿吉尔贝尔指出,"财富包括人们的全部享受,不仅是生活必需品,也包括非必需品以及能够满足人们身体官能快乐的一切物品"[③]。同时,

---

[①] 马克思认为:"在杜阁手上,我们看见了重农主义学说的最高发展。"参见马克思《剩余价值学说》第1卷,生活·读书·新知三联书店1951年版,第43页。

[②] [法]杜阁:《关于财富形成与分配的考察》,商务印书馆1961年版,第34页。据此,巴克豪斯评论道,可当他(指杜阁)讨论到借贷也能有益于财富的创造时,又采用了另一个方向的论点。由此引发了对货币在商业中的作用的讨论,最后,对于工业在财富创造中的作用问题,他产生了大不同于重农学派的见解。

[③] 《布阿吉尔贝尔选集》,伍纯武、梁守锵译,商务印书馆1984年版,第7页。Jean - Claude DeLaunay 和 Jean Gadrey 认为,布阿吉尔贝尔在经济学史上较早地提出服务创造财富的理论。因为服务也可以用于最终消费,消费者愿意为最终消费付费。参见 Jean - Claude DeLaunay and Jean Gadrey, *Services in Economic Thought*:*Three Centuries of Debate*, Kluwer Academic,1992。

他们也指出了其他非农业生产收入仍属于国民收入,如官职收入、审判厅书记室收入、路捐和磨坊收入等服务业方面的收入。布阿吉尔贝尔还提出了职业演进的思想。例如,他指出,在人类社会早期,所有的人归根结底几乎只有两类职业:农夫和牧民。① 而到作者生活的时代,有两百种职业出现于一个富裕而文明国家中,从面包师到喜剧演员;但它们不是一下子即建立起来或扎下根的;不过,此后就成为一个国家实体的一部分,而不再能够被拆散或分开而不立即损及整体。为了证实这个论点,就必须同意一个原则,这便是一个国家的各种职业,无论是什么,都是相互为用和相互支持的,这不仅为了供应彼此的需要,甚至还为了保持彼此本身的生存。

真正明确提出服务经济发展规律的开创性经济学家是威廉·配第(William Petty,1672),配第是服务经济学中著名的"配第—克拉克定理"的发现者。他指出,随着经济的不断发展,产业中心将逐渐由有形财物的生产转向无形的服务性生产。工业往往比农业的利润多,而商业往往比工业的利润多得多。因此劳动力必然由农转工,而后再由工转商。②

配第将服务业放到了非常重要的位置。他认为,服务业方面的优势,能够弥补在自然资源等方面的不足,从而打造一个国家的竞争力量。例如,航海和水运等服务业优势,能够为一个国家建立竞争优势。他指出,一个领土小而且人口少的小国,由于它的位置、产业和政策优越,在财富和力量方面,可以同人口远为众多、领土远为辽阔的国家相抗衡。在这方面,特别是航海和水运的便利起着最显著而又最根本的作用。③

其后,古典经济学的集大成者亚当·斯密(Adam Smith,1776)

---

① 参见[法]布阿吉尔贝尔《法国辩护书》。
② [英]威廉·配第:《政治算术》,陈东野译,商务印书馆1981年版,第20页。
③ 同上书,第11页。配第贸易强国的观点,也在其他地方具有表述,例如,在《爱尔兰的政治解剖》一书中,他提出,爱尔兰的富强,取决于其贸易是否能够快速发展。参见[英]威廉·配第《爱尔兰的政治解剖》,周锦如译,商务印书馆1964年版。

论述了产业部门、产业发展及资本投入应遵循农工批零商业的顺序。同时,他还提出了一个社会发展阶段理论,按照人们生活方式的基本决定因素而将社会经济发展分为四个阶段:狩猎、畜牧(pastoral)、农耕、商业(commercial)。①

二 马克思及其继承者关于"服务"及"服务业"的论述

马克思将社会经济发展阶段划分为自然经济、商品经济、产品经济三个阶段。② 这是他关于经济发展阶段的一个重要观点。具体到服务经济理论方面,马克思对服务理论的讨论是零乱的,主要散见于《资本论》与《剩余价值理论》。

马克思认为,服务不能生产价值,但能产生利润。存在两类服务:个人服务(如教育)和生产性服务。但是,对后者的理解,马克思是矛盾的。他认为交通、维护等都是生产性的,但是,商业与金融不是。

关于服务问题,马克思区分了一系列概念:生产与非生产、剩余价值与利润、资本的社会再生产、金融资本与产业资本。这一系列区分,对后来的影响很大,并在我国 20 世纪 80 年代引起了较大的争论。马克思说:非生产劳动者,无论在精神生产领域还是在物质生产领域,都什么也不生产,他们只是由于社会结构的缺陷,才成为有用的和必要的,他们的存在,只能归因于社会的弊端。Fiona Tregenna 在《马克思主义经济思想中的"服务"》('Services' in Marxian Economic Thought)一文中指出,马克思并没有完整地分析服务部门,而是分析了我们今天视为服务业的一些行业,而且,马克思不是从部门,而是从资本环流的地位与剩余价值生产的角度进

---

① 关于亚当·斯密的社会经济发展阶段,还有一个三阶段论的版本,即将畜牧时代与早期农业社会合并成一个单一的阶段,即野蛮时代(barbarity),后者又与狩猎或蛮荒(savage)可以合并,他称之为 rude。参阅 Ferguson 的《关于市民社会历史的论文》(An Essay on the History of Civil Society, 1767),转引自 Anthony Brewer (2010)。

② 马克思所提出的"产品经济"的概念不同于本书的"产品经济"概念。在马克思那里,"产品经济"是一种非基于交换而生产的经济形态,这种经济形态下,产品按需分配,每个人的需求都能够得到满足。而马克思提出的"自然经济"概念,接近于本书所提出的"产品经济"概念。具体可参见本书第二章相关论述。

行经济分析的。从这个意义上，服务部门是高度异质性的，包括直接生产剩余价值的、参与生产剩余价值的以及处于资本循环之外的。马克思说："凡是货币直接同不生产资本的劳动即非生产劳动相交换的地方，这种劳动都是作为服务被购买的。服务这个名词，一般地说，不过是指这种劳动所提供的特殊使用价值，就象其他一切商品也提供自己的特殊使用价值一样；但是，这种劳动的特殊使用价值在这里取得了'服务'这个特殊名称，是因为劳动不是作为物，而是作为活动提供服务的，可是，这一点并不使它例如同某种机器（如钟表）有什么区别。"[①]

第二节 服务经济思想的形成

一 服务经济概念理论：费希尔—克拉克

英国经济学家、新西兰澳塔哥大学教授阿·费希尔（Fisher, 1935）于1935年在《安全与进步的冲突》一书中提出了较为系统的服务经济阶段理论。[②] 他从经济史的角度，对人类生产活动的发展阶段进行了概括，他认为，人类生产活动的发展有三个阶段，第一阶段，以农业和畜牧业为主。第二阶段，以工业生产大规模的迅速发展为标志，纺织、钢铁和其他制造业的商品生产为就业和投资提供了广泛的机会。第三阶段，特征是各种形式的服务活动得到发展，大量的劳动力和资本不是流入到农业和工业，而是流入到旅游、娱乐服务、文化艺术、保健、教育和科学、政府等活动中。费希尔将经济发展的三个不同的阶段分别称作第一产业、第二产业和第三产业，并指出，三次产业的划分在某种程度上与人类需要的紧迫程度有关。第一产业为人类提供满足最基本需要的食品，第二产

[①] 《马克思恩格斯全集》第26卷I，人民出版社1972年版，第435页。

[②] 在费希尔的书中，他使用的是"第三次产业"的概念。在现在的研究中，对第三产业与服务业两个概念基本不再加以区分，视为同等程度的概念。

业满足人类更进一步的需要，第三产业满足人类除物质需要以外的高级的需要，如生活中的便利、娱乐等精神上的需要。

其后，克拉克（Clark，1940）、库兹涅茨（Kuznets，1941）等对服务经济理论提出了完善。克拉克（Clark，1940）在计算了20个国家的各部门劳动投入和总产出的时间序列数据之后，认为就业会按照第一产业、第二产业、第三产业顺序在产业间转移。就业从第一产业向第二产业转移的原因是，第一产业和第二次产业之间，技术进步有很大差别，由于农业的生产周期长，农业生产技术的进步比工业要困难得多，因此，对农业的投资会出现一个限度，出现"报酬递减"的情况。而工业的技术进步要比农业迅速得多，工业投资多处于"报酬递增"的情况，随着工业投资的增加，产量的加大，单位成本下降的潜力很大，必将进一步推动工业的更大发展。就业从第二产业向第三产业转移的原因是，第三产业具有较大的收入需求弹性。库兹涅茨运用详细统计资料对这一点进行了更进一步论证。

二　服务经济的基本形成：富克斯、鲍莫尔、格沙尼等

20世纪六七十年代服务经济理论基本形成，之后得到了较快的发展，此时期对理论研究做出突出贡献的代表人物有罗斯托（Rostow，1960）、富克斯（Fuchs，1968）、贝尔（Bell，1974）、格沙尼（Gershunny，1978）、鲍莫尔（Baumol，1967）、钱纳里（Chenery，1986）、Shelp（1984）、Riddle（1986）、萨尔和沃克（Sayer and Walker，1992）等。富克斯根据对美国经济结构变化的实证研究，首次提出了"服务经济"的概念。而鲍莫尔则建立了第一个产业结构变化的动态变化模型，即成本病模型。而新工业主义的代表人物格沙尼认为未来社会的发展趋向不是服务社会，而是自我服务社会，在这个社会中更多的工业品将走进家庭并"替代"服务。Shelp和Riddle更为重视中间服务需求变化的影响。他们提出，产业生产方式的服务化趋势所产生的中间需求是推动服务经济发展的重要原因，这些中间服务包括直接作为工业企业的中间投入、作为商品交换过程中的流通和金融服务、与新生产结构相适应的人力资本的形

成所需要的服务、对整个生产体系进行空间上协调和规制所需要的服务。沃克（1985）认为资本主义生产的复杂性和多样性促成了劳动分工的拓展，生产者服务就是来源于这种生产方式改变之后的劳动分工发展。萨尔和沃克认为，服务活动是生产过程的一部分，是现代社会"扩展的劳动过程"的一部分。

第三节 学术界关于"服务经济阶段"的研究综述

一 关于服务经济阶段的各种论述

从整体上看，随着服务业在国民经济中的地位日益重要，西方学术界已形成了关于"服务经济阶段"的一些共识，总体看法基本一致，但是，在"服务经济阶段"名称及其社会经济内涵的认识上仍有较大差异。

Amitai Etzioni 称之为"后现代时期"（The Post–Modern Era）。这个概念比"服务经济阶段"要包括更多的内容，包括了社会文化、哲学等多方面的概念。但其本质仍然是表示人类社会从商品经济走出之后的一种状态。

George Lichtheim 称之为"后布尔乔亚阶级社会"（The Post–Bourgeois Society，或者称之为后资产阶级社会）。这个概念主要是从社会阶层分化的视角出发，对资本主义的未来进行描述。在 Lichtheim 看来，随着社会阶层的扁平化，资产阶级与无产阶级之间的界限将消失。

Herman Kahn 称之为"后经济社会"（The Post–Economic Society），他在"20 世纪后三分之一变革的力量"中，首次提出了"后经济社会"的概念。他指出，人类的发展大致经历了前经济社会、经济社会和后经济社会。后经济社会是一个用文化的视角观察世界的理念，是一个经济与文化相互融合的社会，因此，后经济社会具有非物质化和虚拟性的特点。这一概念，已非常接近我们所研究的

"服务经济阶段"。

Murray Bookchin 称之为"后匮乏社会"。其基本理念是,工业社会的巨大生产力已产生一种独特的历史状况:人类业已进入一个富裕而丰足的新纪元,人类首次出现一种少数人的闲暇与文化不必仰赖大多数人的劳动之现象。日常生活中物质必需品绝不缺乏,由于消费品多以符号商品的形式存在,给人以需求可以无限度得到满足的感觉。这一概念后由英国经济学家、社会学者吉登斯进行了更详细的论述。吉登斯在 1995 年出版的《丰裕、贫困和后匮乏社会思想》一书中,对"后匮乏经济社会"进行了比较系统的研究。

波拉特(Porat)认为我们即将要面临的社会是一个"信息社会"。他指出,在我们正在趋向的社会里,信息产业将成为主导产业。从社会发展现实看,当今社会正在由信息社会过渡到泛在信息社会(U 社会)。随着宽带技术、无线技术等通信基础技术的进步以及软硬件等配套设施的完善,信息社会将逐渐过渡到"泛在信息社会"。① 泛在信息社会中,人们的生产生活方式将发生巨变,信息成为生活的必需品,信息素养成为人类生存之道,泛在信息社会成为网络、信息装备、应用平台、内容和解决方案的融合体。

管理学者彼得·德鲁克(Peter Drucker)将工业社会之后的社会称为"知识社会"(the knowledge society),德鲁克早在 1965 年在其著作《后资本主义社会》一书中,就将未来社会称为"知识社会"。他认为,知识社会是一个以知识为核心的社会,"智力资本"已成为社会最重要的资源;知识的生产率将日益成为一个国家竞争力的源泉。②

Paul Halmos 认为未来的社会是一个"个人服务社会"(The Per-

---

① 泛在信息社会也称作未来信息社会,随着 IT 技术的不断发展,其被普遍认为是人类未来的生活模式。"泛在"的英文为 Ubiquitous,它来源于拉丁语 Ubiquitous,意思是普遍存在,无所不在。其核心思想是信息技术将以不为人们所觉察的方式融入人们的日常生活。即于任何时候、任何情况下都可通过无线通信达到互联的状态。这不仅包括人与人之间,还有人与物、物与物之间。

② 关于"知识社会"的详细论述,参见本书其他章节。

sonal Service Society），"个人服务性社会"的形成包括了整个社会转向服务性的经济，以及社会福利与"照顾"服务的结构性的增加，而其相关的社会责任与"治愈模式"（The Theomantic Mode）的职业伦理，亦逐渐普及于整个社会。Paul Halmos 对其持正面态度，但 Philip Rieff 等对此却表示忧虑，因为个人服务社会的来临，意味着社会整体生产率的下降。然而，在人口老龄化、个人需求多样化、物质产品丰富化的背景下，"个人服务"的要素注定成为新社会的核心。但是，格沙尼（Gershunny, 1978）更进一步地认为，个人服务社会的出现，意味着自我服务社会的来临。

贝尔（1986）使用"后工业社会"这一术语，但是，他又强调服务的重要性。他着重指出，后工业社会就是服务社会。如果工业社会是以商品数量来定义社会质量的话，后工业社会就是以服务和舒适、休闲和艺术来定义社会质量。

其他关于"服务经济"的描述还有很多，例如，Ralf Dahrendorf 称之为"服务阶级社会"（The Service Class Society），Zbigniew Brezinski 称之为"电子技术时代"（The Technetronic Era）等，这些论述，都强调了社会从商品经济向服务经济转型的某一方面的特征。

在关于服务经济的描述中，最为重要的是托夫勒所提出的"体验经济"（The Experience Economy）的概念。在1970年所出版的《未来的冲击》一书中，托夫勒指出，体验价值将对商品增值具有极其重要的价值。到21世纪，吉尔摩（Gilmore）与派恩二世（Pine II）在其影响深远的著作《体验经济》中，对体验经济进行了系统化与深入的研究及探讨。[①]

二 "服务型社会"理论

我国学者孙希有（2010）提出了"服务型社会"的理论。他认

---

① 在他们所撰写的《体验经济》一书中，两位作者提出，人类经济发展历史经历了4个阶段：从物品经济（未加工）时代，到商品经济时代，再到服务经济时代，而服务经济时代后，人类将进入体验经济时代。我们认为，将体验经济与服务经济进行区分是没有意义的，在当前时代，服务本身代表了一种深度体验，忽略这一点会产生概念上的偏差。

为，在"服务型社会"中，服务作为一种新的、独立的生产方式与生产力要素、变量，是当今社会运行与发展的思维方式以及工具手段，是社会发展的重要动因。服务改变着传统三次产业的发展、推动和结构模式，使得一切经济及经济活动变成了行为服务化。

但是，对于服务经济，也有不同的看法，典型的是新工业主义的代表人物格沙尼（Gershunny，1978），他认为未来社会的发展趋向不是服务社会，而是自我服务社会，在这个社会中更多的工业品将走进家庭并"替代"服务（具体参见前文的论述）。

第二章　服务经济阶段的核心产品："服务"

服务经济阶段，由于生产力的极大提高，短缺经济走向过剩经济，人们物质需求的满足进入缓慢增长时期，并且进入消费成熟的理智消费时代，以人为本、以改善生活质量为目的的服务需求持续增长，世界经济必然将由物质驱动走向服务驱动，服务将成为新经济社会的核心产品。服务经济阶段的"服务"，其核心内容并不同于商品经济阶段的服务，二者在本质上有区别。

第一节　服务的泛在

在服务经济时代，价值体系从唯物质观向简约的享乐主义转变，唯物质观是一种物质乌托邦，它是商品经济时代精神世界的主要特征：人类追求奢华、地位和职业的压力，成功且试图不断提升自己的爱好，以及对生活的享受，在这种价值导向下，从唯物质主义出发，共同编织了人类价值文明这张网。[1]

由于物质的极大丰富，物质能够带给人类的边际效用越来越少。人类追求的是以简约为特征的享乐主义，享乐成为生活的主要需要，而享乐主要通过服务来得以实现。在这种背景下，服务将渗透到社会生活的各个层次，成为社会经济生活的主导。

第一，从产业分工看，服务行业与非服务行业的区别日益缩小。

---

[1] 参见［德］霍尔茨《预言大未来》，中国海关出版社2004年版。

正如哈佛商学院教授西奥多·李维特所认为的，随着我们对服务认识的深入，服务性行业和非服务性行业的区别将日渐缩小、模糊。他曾这样写到：再也没有所谓的服务产业了，只有不同产业之间服务所占比重大小的区别。每个人都在从事服务工作。

第二，服务日益深入地渗透到各个产业内部。在20世纪80年代以后，随着信息技术的飞速进步，各类产业越来越深入地受到信息技术的影响，各个产业的融合与互动越来越深入。在这样的社会形态里，农业的生产过程延长，农业注入了服务的要素，并以服务统领整个农业；以机器大生产为主导的制造业分工变细，使得整个制造业成为服务中的链条，制造服从于服务的需要，成为服务的一部分；服务业的信息化也越来越明显，各种产业在发展过程中都逐渐改变自身原有的形态，而成为"服务"作用下的成果，此时，服务已经成为各个产业的主导，服务也成为整个社会运行的主导。

服务业和制造业的关系正在变得越来越密切，主要表现为制造业的服务化（制造业的中间投入中服务的投入大量增加）与服务业的制造业化。这在很大程度上促进了现代服务业的快速成长。有数据表明[①]，在1980—1990年，多数OECD国家产品生产中的投入发生了变化：服务投入增长速度快于实物投入增长速度，只有美国和加拿大例外。目前大量制造商正在迅速地卷入到服务当中，加入到基础生产商品的服务越来越多，例如，延期付款和租赁系统、培训、服务合同、咨询服务等，以通过新的服务领域来获取竞争优势。在制造业工作的65%—76%的员工也正在从事服务工作，如研发、维修、设计等。可见，当今领先的制造商都是在其传统制造业务上通过增加服务从而获取竞争优势的，如果世界上的竞争模仿日益增加，那么服务就是产生差异性的主要手段。服务经济中的制造企业也越来越多地依赖服务并将它作为重要的竞争手段，制造业也会逐步服务化，服务成为当今全球经济的主导要素。

服务和某些经济活动特别是制造业的界限越来越模糊，经济活

---

① 根据OECD投入产出表计算。

动由以制造为中心已经转向以服务为中心，最为明显的是通信产品。同时，某些信息产品却可以像制造业一样进行批量生产，而且复制业在北美行业分类中就被归为服务业。另外，以服务为中心也体现在制造业部门的服务化上，表现为：（1）该制造业部门的产品是为了提供某种服务而生产的，例如通信和家电产品。（2）随产品一同售出的有知识和技术服务。（3）服务引导制造业部门的技术变革和产品创新。

第三，服务日益成为三大产业的核心与主导。在服务日益渗入到其他产业领域过程中的情况下，服务就越来越成为传统三大产业的统领核心和灵魂，作用于整个产业之中，"服务"也就成为包含第一、第二、第三次产业在内的"服务"，三次产业只是在"服务"的背景下才具有价值。于是，整个社会的生产力也越来越从自然和机器、技术形态的生产力转变为服务形态的生产力，服务成为产业发展、进步、成功的标准。在这里，服务更多地依靠那种高度分化的产业结构类型、高度发达的信息技术和现代管理知识得以形成，并融合了经济学、社会学、管理科学以及法律等诸多科学的经济社会活动。因而，它一旦作为一种独立的生产力形式就引发了整个社会类型的巨大变革（孙希有，2010）。

孙希有（2010）指出，在这个社会里，服务不仅成为服务业的标准，同样也成为制造业乃至种植业的标准，进而成为各个产业的标准，服务标准成为经济社会发展的引领，服务贯穿于所有产业结构类型之中。服务不仅统摄了整个制造业、种植业以及服务业，而且也改变着传统三大产业结构类型，服务由此成为整个社会生产力诸要素中的"独立要素"、"重要变量"、"主导因素"，使得如今的种植业、制造业与服务业越来越变成服务型农业、服务型制造业以及服务型服务业。在这里，服务业也一改传统的运行方式，而成为接受服务、为人服务的双向或多向服务，因此成为服务型服务业。

第二节　服务产品特色：以人为本

　　服务经济阶段的服务产品与物质商品有着本质的差异，也与商品经济阶段的服务有着本质的差异。

　　在商品经济阶段，服务的目的是把产品更多地推销出去，或者提升产品的附加价值。正如卡尔·阿尔布瑞契特与让—詹姆克所指出的：经济发展的确是越来越快，但顾客得到的被关怀的感觉，却未必越来越多了；经济的确越来越"虚拟"了，但所创造的顾客价值，恐怕也越来越"虚拟"了。在这个企业花重金打造一条"电子鸿沟"的新经济时代，顾客和活生生的服务人员的距离也越来越遥远了，先进的技术外衣下，隐藏着的却是冷漠。数字鸿沟将顾客和活生生的服务人员隔离开来，并使得服务竞争演变成一场毫无伦理色彩的服务与软件的对抗。[①]

　　在传统服务行业内，服务品质往往是参差不齐的，有时候品质高低甚至仅仅取决于服务者个体的素质。一方面这是技术不足所致，另一方面也是缺乏科学的管理。因为不能实现大规模、可复制的标准化优质服务，所以很多传统的服务企业很难做大做强，各类投诉也比较多。而为了与现有的产品结构相匹配，很多服务企业追求标准化，这又难以满足客户的个性化需求。

　　在服务经济阶段，服务产品可以分为两大类，一类是智力产品，另一类是心力产品。

　　智力产品是与人类智力相关的产品，包括信息、知识等，都是以分享或共享为主，在使用过程中，具有报酬递增的特性。因此，传统的以商品为基础的交换规律在这些产品的生产及使用过程中，往往难以发挥作用。这些服务产品是从原来国民经济中的其他部门

---

① ［美］卡尔·阿尔布瑞契特、［美］让·詹姆克：《服务经济——让顾客价值回到企业舞台中心》，中国社会科学出版社 2004 年版。

分立出来而形成的专业化部门所生产，其产品大多数能够更好地解决现有生产过程中的问题。

当知识生产部门作为制造业的一个组成部分时（在商品经济阶段往往如此），其所产出的知识在交易效率上很低。这是因为：第一，这些知识都是由一个特定的企业所生产的，在很大程度上是体现型（embodied）的，缺乏普适性；第二，这些知识在交易过程中，缺乏很好的售后服务保证，例如，研发知识的制造企业可能并不会提供良好的知识更新服务；第三，知识交易存在着严重的信息不对称性，而制造企业对知识的有用性缺乏信誉保证。当专业研究与开发企业出现以后，解决了前述问题[①]，提高了交易效率。当专门生产与扩散知识的部门出现之后，将极大提高知识的生产与扩散速度，并扩大知识的生产量与交易量。而交易量的扩大，会使知识生产的分工进一步深入，进一步提高知识的生产效率与交易效率，促进经济的增长。其他现代服务业，如咨询业、商务服务业等均具有前述性质。

而心力产品是需要用心投入、具有情感体验的一类产品，包括与个人相关的服务。这类服务产品需要服务提供者（生产者）与服务接受者（消费者）之间的互动，因此，二者之间会产生一个心情的传递。如果生产者具有一种美好的心情，与消费者实现互动，消费者体验到这种愉悦，则实现了心灵的传递，达到了共享的目的。而在此过程中，服务提供者也因消费者的满足，而产生一种美好心情。在这个意义上，心力服务产品主要是共享的，而不是交换的。

同时，服务经济阶段的商品性质也发生了变化。在商品经济时

[①] 例如，有研究表明，现代服务业的需方与供方之间的长期合作关系提供了一种信誉保证，使生产性服务这种无形的商品交易能够广泛地存在。而信誉的建立，与专业生产性服务生产厂商是分不开的。

代，商品是一种具有心理满足的、具有符号消费意义的东西。① 而在服务经济阶段，商品是用于解决某个特定的问题，正如特德·莱维特所指出的，没有商品这样的东西。顾客不是买什么东西，而是买解决问题的办法。用服务的本质去覆盖产品的本质，方能达到革命的效果。

第三节 服务的体验化

服务的发展面临着两个方向，一个方向就是商品对服务的替代。这是在市场力量的驱动下，生产者有着使用自动化机器替代活劳动的永恒冲动。但是，服务逐渐向商品化方向发展，商品化逐渐抹杀产品和服务给人们带来的个性化、独特的感受和体验。另一个方向是强调个体体验。由于企业对产品及服务在质量、功能上已做得相当出色，以至于顾客对特色和利益已经淡化，而追求更高层次的"特色和利益"，即"体验"。② 因此，服务的体验化是现代社会发展的必然规律，是人的非理性内核外化的必然结果。

也就是说，服务经济的深入发展，将通过各种手段，深度挖掘人的需求。通过满足人的深度需求，使人获得"深度体验"。这也是服务经济时代的服务不同于商品经济时代的服务之处。

服务体验化代表了一种新的方向。德国学者霍尔茨在《预言大未来》中写到，在未来，经济发展将缔造一批新型消费者，他们将

---

① 参见［法］波德里亚《消费社会》，南京大学出版社2009年版。例如，波德里亚写到，洗衣机、电冰箱、洗碗机等，除了各自为器具之外，都含有另外一层意义。橱窗、广告、生产的商号和商标在这里起着主要作用，并强加着一种一致的集体观念，好似一条链子，一个几乎无法分离的整体，它们不再是一串简单的商品，而是一串意义，因为它们相互暗示着更复杂的高档商品，并使消费者产生一系列更为复杂的动机。

② 以咖啡营销为例，销售一杯煮得还算不错的咖啡，附带服务生友好的微笑以及漂亮的脸蛋，也不会产生更多的价值——而这样的产品也太过于世俗了。让人难忘的咖啡意味着更多的附加值。舞台、策划、优美的景色、内涵、传奇的地点。顾客所获得的只有唇上的少量咖啡的味道，更多的是他所感觉到的、想到的与记忆起来的体验。

从勇敢的最终消费者成为体验先锋，他们将使用情感购物、感官购物、社会购物等，替代了"个人消费"。适应这一需要，服务将变得更加深入、感情化与私人化。① 体验在这不只是乐趣，也不仅是短暂的兴奋。每一间餐馆为顾客提供的都远不止服务，而是消遣、设计、相互影响、景色及演出。新的体验影院及马戏团表演，制造了许多不用思考就获得的感官轰动，它们形成了由"消费者"扮演主角的整体艺术。而同时也越过了被动消费的浪潮；公众以自己的反应来"制造"事件。

美国学者西托夫斯基则从人类的本性视角研究了服务体验化的不可避免性。他指出："一种主要的人类满足形式就是刺激引起的快乐，大多数的这种快乐来源于相互刺激，因此，这些活动被排斥在经济学领域之外。原因非常简单，刺激的感觉来源于变化、丰富多彩和新奇——大多数这样的感受都肇始于人的行动和想象。而且，在我们正在被他人刺激的时候，我们对他人也最有刺激性。想一想在我们和他们之间进行的、不计其数的直接人际交往吧。"② 托夫勒在70年代预言：来自消费者的压力和希望经济继续上升的人的压力——将推动技术社会朝着未来体验生产的方向发展；服务业最终还是会超过制造业的，体验生产又会超过服务业；某些行业的革命会扩展，使得它们的独家产品不是粗制滥造的商品，甚至也不是一般性的服务，而是预先安排好了的"体验"。体验工业可能会成为超工业化的支柱之一，甚至成为服务业之后的经济的基础。

在体验经济中，企业不再生产"商品"（commodities），企业成为"舞台的提供者"（stagers），在它们精心制作的舞台上，消费者开始自己的、唯一的、从而值得回忆的表演。在体验经济中，劳动不再是体力的简单支出，劳动成为自我表现和创造体验的机会，典型如"网页制作"，劳动者需要发挥极大的想象力和艺术探索精神

---

① ［德］霍尔茨：《预言大未来》，中国海关出版社2004年版，第八章。
② ［美］西托夫斯基：《无快乐的经济：人类获得满足的心理学》，中国人民大学出版社2008年版。

（因为要从千百万各具特色的网页凸显出来），需要深入理解阅读的视觉（以及"多媒体"感受）、语言、心理过程，需要洞悉社会文化风土人情，需要尽可能丰富的各类知识，于是网页制作便转化为自我表现和创造体验的机会。

以旅游为例，在服务经济时代，人不仅是经济上理性的、利用知识合理决策的人，更是情感上追求归属与尊重的人。旅游者将从传统的功利性较强的旅游世俗愉悦追求，向以重视知识与文化的学习、体验与创新的旅游审美愉悦追求转变。著名的旅游学者罗伯特·朗卡尔在《旅游及旅行社会学》中指出，"自有人类就有旅行"。人类的旅游活动是发生在自由时间当中，暂时前往异地的一种休闲行为，主要的目的是获取愉悦，审美是获取这种休闲愉悦的最重要渠道。从本质属性上看，旅游不是一种经济现象，而是人类以审美、求知为特征的高层次文化体验。旅游的基本出发点，整个过程和最终效应都是以获取精神享受为指向，旅游不是一种经济活动，而是一种精神活动，这种精神生活是通过美感享受而获得的，因此，旅游又是一种综合性的审美实践，并以超功利性体验为主。旅游过程中在满足了基本的世俗愉悦享受的同时，更加积极地追求高层次的精神满足。

第四节　服务的心理化

服务经济阶段的另一个重要变化是，服务更加心理化。

人类需求升级主要遵循马斯洛的层次需求理论。在商品经济时代，农业满足一般的生存需要，制造业满足人类的基本需要，而服务业满足人类发展的需求。而从未来看，服务走向体验，其满足的是人的自我实现需要。

在服务走向体验过程中，服务一方面需要提供某种基础功能。例如，为人类提供满足其基本需求的服务产品；另一方面，服务过程将是对人类心理的满足过程。由于心理满足过程事实上需要与个体直接相关，因此，服务的个性化必然成为一个重要的方面。

　　心理满足过程由于是个体体验化的，很难以现有的基于标准化无差异产品的经济学理论进行解释，因此，在经济学领域，心理化的研究是非常缺乏的。无论是行为经济学，还是其他号称对人类心理进行研究的经济学理论，是基于对人与人之间的博弈进行分析，对个体心理满足的研究仍然没有。

　　正如托夫勒在《未来的冲击》中所指出的，在缺衣少食的情况下，人们为了满足眼下的物质需要而挣扎。今天，我们处在更为富有的条件下，正在重整经济以应付新的人类需要。我们正在以一个旨在提供物质满足的体制为出发点，来疾速地创造一个准备提供精神满足的经济。这种"心理化"的过程是超工业革命的中心课题之一，但却被经济学家完全忽略了。然而，这个过程将产生一个新奇的令人十分惊讶的经济，它不同于任何人所经历过的经济。我们在下文将看到，它们所包含的是心智健全，即人体分辨幻想与现实的能力。从发展的视角看，下一步将是扩大服务业的心理成分。

　　劳里·杨（2009）指出，当今社会在本质上是"自我为主体"的社会，因此，在当今所有的西方国家经济中，正涌现一大批新型服务项目。人们经济宽裕了，便想接受更多的教育，住更好的房子，享受更完善的卫生保健系统，有更多的餐馆、酒吧、汽车经销商和商店来为他们提供远超过满足生活基本需要的各类商品。不断膨胀的需求释放到新型服务概念当中便产生了创造性的突破，甚至还有一些发展成为国际连锁机构。因此，服务的心理化，将刺激服务的不断创新，新型服务项目到底会发展到什么样的广度，大概只会受到人类创造力的限制。

第三章 服务经济阶段的"人"

在服务经济时代,财富的创造主要依靠知识与心力。从"物的依赖性"阶段进入到"自由全面发展"阶段。工作不再是人们谋生的手段,工作将真正成为"人生的第一需要",成为人的内在需求,甚至"两性的结合"也将不再以金钱和地位为条件,而是以相互提供促进个性发展与个性解放的服务为中介。因此,在这样的社会里,服务自然就成为能够实现马克思所说的"每个人的自由发展是一切人的自由发展的条件"①。这一事实,注定使服务经济阶段的"人"与商品经济阶段异化的人有着本质的区别。

第一节 人的社群化

在服务经济阶段,社群在某种程度上正在替代个人。从社会关系看,在商品经济阶段,随着以家庭、亲族、邻里和社区为生活重心的时代的过去,个人在享受着自由的快乐的同时,也开始产生一种"无根漂泊"的恐惧。以美国社会为例,如贝拉(R. Bellah)等便认为在生活的各个面相都充斥着焦虑、不安、竞争、寂寞和疏离等症状,彼此间缺乏感情的联系,这样下去必将产生自我解构的危机(英国法学家亚伦:《古代法》导言)。面对庞大的社会机器,个人的渺小性日益凸显。此时,个人的自我目的不可能独自实现,个人的孤独感日益强化,因此,个人必须通过结成社会团体,在与他

---

① 《马克思恩格斯选集》第一卷,人民出版社1995年版,第294页。

人追求共同的理想中，以群体的力量对抗社会的压力，在群体的生活中满足自我的精神需求。

因此，在服务经济阶段来临时，一种向人类群体的回归便出现了。当这种人类群体不再是传统的家庭、亲族等初级团体时，各种各样的社会团体便取而代之，进而现代人产生了相当复杂的意义。

人的社群化主要是基于以下几个方面的原因：

第一，服务的特性使人更容易社群化。服务过程都包含着信息传递过程，这个信息传递过程，在大部分时间是面对面的。大量的信息传递，使个人能够全面地表达自己。当人与人之间因为服务关系而加深某一方面的了解时，人们会倾向于加入到某一社群之中，使自己的个性得以张扬，兴趣得以满足。

第二，信息沟通技术的进步，使人更加容易通过各种方式组合成为社群。例如，在网络上，各种虚拟社区的存在，使人寻找到志同道合的他者，并组合为一个社群的可能性大为增加。

第三，物质产品极大丰富之后，人类趋向于追求精神上的满足。而通过社群，能够使人更容易地获得精神上的满足。

从响应性角度看，服务经济阶段注重"人人为我提供服务、我为人人提供服务"的双向平等的服务原则及价值理念，而这个理念就意味着服务的供给要得到服务的需求响应。这意味着生活在这个社会中的每一个行动者都有帮助他人、为他人提供服务的愿望、动力与责任，如果他人无法得到必要的服务，不仅会对整个产品或服务的质量造成无可挽回的消极影响，而且也不是这个社会所认可的行为准则，必然被这个社会所淘汰。这一点，在社群内部体现得尤其明显。在社群内部，成员之间通常会提供一种互助式服务。这种服务一般都具有共享的性质，而且会给各方带来愉悦。

第二节 人的中心化与协调化

一 人成为社会的中心

在服务经济阶段，各个行业及部门，生产与消费、经营与管理都是以服务为理念、以服务为手段、以服务为目的的。在这样的社会里，服务不仅普遍性地存在于服务行业，而且也存在于生产领域，使得服务成为引领社会潮流的标准。在这里，现有的各个产业都成为服务的一部分，人们的生产和生活都离不开服务，也都体现着服务，并以服务表现着自己的存在。服务没有范围、没有界限，服务成为这种社会类型的核心。而人处于这一切的中心，一切服务活动都是以人为中心。如在服务型社会里，农产品的生产不只是单纯为了满足生存的需要，更多地体现着为人的身心健康、休闲娱乐、怡情养性等服务。各种生产活动都以人为中心体现着人文关怀。

因此，服务经济阶段一个不同于商品经济阶段的关键特征是，人成为社会经济的真正中心。这种核心作用表现在两个方面：

第一，社会生产（服务生产和产品生产）的出发点及目的都是为了"人"。商品经济是以"利润最大化"作为生产的出发点及目的的，这种生产的目的是异化的。而在服务经济阶段，生产的目的是为了更好地满足人的需要。尤其是服务产品的生产，完全是为了满足人的需要而存在，其生产与消费过程的同一性，决定了生产的目的为了"人"，为了最大限度地满足人的需要。卡尔·阿尔布瑞契特和让-詹姆克在《服务经济——让顾客价值回到企业舞台中心》一书中就曾预言：随着时代的进步，创造消费者价值将变得越来越重要。……在不远的将来，我们会重新看到服务、价值创造和人性化商务活动的内涵。焦点又重新回到对人的关怀上来。

第二，在生产过程中，劳动者的地位得到了改变，不再被异化。正如马克思在《1844年经济学哲学手稿》中所指出的，在商品生产过程中，劳动者同其劳动产品是异化的。其现象就是：工人生产的财富越多，他的产品的力量和数量越大，他就越贫穷。工人创造的商品越多，他就越变成廉价的商品。物的世界的增值同人的世界的贬值成正比。工人在劳动中耗费的力量越多，他亲手创造出来的反对自身的、异己的对象世界的力量就越强大，他自身、他的内部世界就越贫乏，归他所有的东西就越少。劳动者所生产的产品变成了各种异己的存在物，反过来又变成一种统治劳动者的社会力量。而在服务经济阶段，服务过程的完成，需要劳动者投入其体力、智力与心力，而且需要服务接受者的配合，双方通过共同完成服务过程，达到快乐传递、幸福共享的目的。因此，在生产过程中，劳动者不再是被异化的对象，而真正成为劳动的主人。

二　人处于持续协调过程之中

服务型社会进入到发达的、理想状态的时候，社会不再分裂为那种非此即彼、两极对立的社会阶层，而是兴起了众多阶层，各个阶层之间彼此平等、相互尊重，真正实现了"人人为我，我为人人"的服务精神，各种新的社会规范更加注重灵活机动，彰显"以人为本"。

服务业的兴起引起了人的社会地位与社会角色的改变。因为人在社会结构中总是处于一定的服务与被服务的地位，在服务他人的同时也接受他人的服务，因而人就是服务与被服务的统一体，这是决定他们进行社会行动的前提。同时，人的社会行动实质上就是扮演某种社会角色以便更好地为他人提供服务，进而让自己得到更好的服务。在服务过程中，每个行动者都必须按照服务的规范与标准进行着非个体化的行动。此外，社会结构表现为行动者按照服务的角色结合在一起组成具有稳定性与认同感的社会群体，以便为社会提供更加合适的服务。人在其中起着平衡协调的作用。

第四章 服务经济阶段的生产过程

第一节 作为快乐传递、幸福共享过程的服务劳动

一 服务劳动的特征

第一,直接与人打交道。服务过程主要是一个与人打交道的过程。这与工业化生产过程中,人主要与物打交道有着本质的区别。由于物可以非常容易地实现标准化,这使物质生产劳动都倾向于标准化。但是,与人打交道的过程中,个体往往都有着独特的个性,这使与人打交道过程,更需要体现个性与情感。

第二,劳动者与服务接受者之间直接互动。服务的生产和消费同时产生,客户同样是服务的生产者,他们的知识背景和创新能力对服务项目创新起着非常重要的作用。服务的过程是一个复杂的知识传递过程,服务企业一方面提供服务、传播知识;另一方面也在生产中学习、吸收知识,从某一客户那里吸收的知识也会被应用于其他客户,从而形成创新。因此,市场导向是新产品或服务成功至关重要的因素。

第三,服务劳动过程中,工具的意义不同。在工业化生产过程中,人主要使用工具去处理物质产品,使用工具主要是人的一种外在行为,具体体现为人的肢体动作。工具往往等同于人的肢体的延伸。在服务劳动过程中,人使用工具主要是作为媒介,沟通交流的

媒介，这种使用媒介的行为，更多地体现为人的内在行为，是人的大脑思维与人的心智的延伸。这一切，需要信息工具的支撑。因此，在本质上，工业革命解放了人的体力，进而实现了人处理体能相关事务能力的大大提升，这造就了生产能力的大幅度提升，使商品经济成为主流。而服务经济时代，信息革命解放了人的智力，使人类思考与沟通能力大幅度提升。工具起到了媒介、智能等多方面的作用。

二 服务劳动的双重性

在服务经济阶段，物化的东西永远无法取代"人对人的服务"，无法给予消费者个性化的服务。因此，"劳动者在创造社会生产力过程中进一步摆脱对自然的束缚以及对象物的依赖，而更多地依靠劳动者自身的力量，尤其依靠自身的智力去为自身、为他人、为整个社会'提供服务'"[①]。服务过程中，由于服务提供者与接受者之间需要相互配合，因此，通过服务实现双方快乐传递、幸福共享将成为服务的一个特征。

随着生产技术的进步，人们闲暇时间的增加，人际交往的未来社会将是一个高度接触的新世界。而发展了的个体要求得到一种新的感情质量，而不是传统的服务者与享受者之间的奴隶关系，而将创造出全新的服务关系。

从服务的需求看，在这种服务关系下，人们对服务好坏的评价则越来越集中于精神服务之上。服务的好坏问题，主要发生在供求关系之中，发生在包括提供者和利用者这种人与人关系在内的事态之中。而且可以说，利用者对介于服务之中的人与人关系的评价，一旦对整个交易（提供服务）或提供者本人的评价产生影响，就具有重要的意义。进一步说服务是在具体的场合下人们相互作用的问题。从本质上讲可以认为，它对每个顾客都有个别的针对性。

从服务供给看，服务经济阶段是一种需要劳动者用心提供服务的经济形态。因此，劳动的意义将发生深刻的变化。劳动者将在一

---

① 参见孙希有《服务型社会的来临》，中国社会科学出版社2010年版。

种符合人的尊严的劳动文化氛围中完成自己的劳动任务，并在企业和劳动岗位上实现人的基本权利和自由。

而在这种劳动意识的指示下，劳动者进一步发挥积极性和创造性，让劳动真正成为自己劳动条件的主人。服务经济深度发展之后，劳动者的地位不断上升，而且劳动者作为服务提供者与服务接受者之间的互动、共享与合作关系的建立，将使劳动不仅作为谋生手段，而且日渐成为人的生命的象征、生命的显示。劳动者、劳动对象、劳动资料出现了高度的统一与有机结合，他们统一在生产运行的标准服务之中，服务成为一种独立的生产力要素，服务成为吸收科学技术成果的重要力量，服务与劳动者、劳动对象以及劳动资料一样成为一种独特的社会生产力形式，而且是对劳动者、劳动对象、劳动资料的整合，社会发展出现了与劳动者统一的服务生产力。

因此，劳动能够符合人的本性，劳动物化和异化得到克服，劳动从被人看作是被迫的事情变为是一种生命的必需，并成为一种快乐的过程，劳动者真正成为劳动的主人。

第二节　服务对生产过程的组织与引领作用：以服务方式分配资源

随着社会经济发展，资源配置方式也正在发生极其重要的变化。在产品经济的初级阶段，生产技术落后，社会交往范围很小，人类生产方式简单，可支配的资源非常有限。从生活方式看，人类的生活方式变化缓慢，因此，配置资源的方式主要依靠习俗，也就是整个社会的风俗习惯以及人类的消费习惯所形成的偏好。而在产品经济的进化阶段，社会建制化程度增加，形成了明确的社会阶层，社会的权威主要来自克里斯玛（Charisma）型的领导者。正如马克斯·韦伯所指出的，"克里斯玛"也是有时效的，它所能赋予社会进步的合法性也同样会随着时间的流逝而递减。在这种社会里，配置资源方式主要依靠权威，权威成为整个社会的权力运行以及计划安排的杠杆。

在商品经济社会里，一切要素与产品都趋于商品化。交易成为社会的最主导的交往形式。而各个经济主体之间具有平等的关系，因此，各个经济主体按照自己的理解与判断进行独立的决策，达到实现自身利润与效用的最大化的目的。在各类主体进行决策过程中，最重要的信息就是市场信息尤其是价格信息。但是，正如卡尔·波兰尼所说，如果听任市场机制成为人类命运及其自然环境乃至购买力的数量和用途的唯一指导者，那将导致对社会的破坏。此外，一个自我调节的市场概念意味着一个十足的"乌托邦"。在不消除社会的人性和自然本性来说，自发的市场经济是不会出现的。因此，在商品经济社会中，除了市场机制作为主要资源配置手段之外，政府与社会在资源配置过程中也起到了重要的作用。

在服务经济阶段，社会经济结构发生了剧烈的变化。社会资源配置方式也发生了根本性的变化。一方面，传统中的习俗、偏好、权威、计划、市场、政府等资源配置手段中的合理内核仍在发挥作用；另一方面，服务成为社会的主导产品及生活方式，服务也成为配置资源的手段与方式。由于服务的生产方式与资源配置和传统的商品生产有着本质的区别，而且社会需求也偏向于服务，因此，社会也开始对资源配置方式进行变革，将越来越多的优质资源配置到服务，或者配置到能够提供更多完善服务——尤其是优质服务的个体或群体上。

在以服务方式成为资源配置的重要手段的前提下，服务将对生产过程起到引领作用。例如，在大规模个性化定制生产的背景下，柔性的生产过程需要大量的服务因素，生产过程会因服务因素的渗透而随时调整。例如，在工业化时代，为了确保低成本，需要引入大规模、批量化生产，生产模式是集中化的。而在服务经济时代，C2B等商业模式的引入，柔性化生产技术、3D打印技术等新技术的应用，使生产模式更多地面向消费者，而这取决于如何服务好消费者。

第三节　生产要素的泛化：心理资本的引入

一　服务生产要素的扩展

服务经济阶段实质上是以人力资本为基本生产要素形成的经济结构、增长方式。劳动者在创造社会生产力过程中进一步摆脱对自然的束缚以及对象物的依赖，而更多地依靠劳动者自身的力量，尤其依靠自身的智力去为自身、为他人、为整个社会"提供服务"。因此，人力资本成为其核心要素，其中人力资本构成中的智力和心力是服务的核心。Dale W. Jorgenson 和 Marcel P. Timmer（2011）指出，随着技术的进步，在生产过程中，要素投入的组合也在发生根本性的变化。在整体经济中，熟练劳动力与信息沟通技术（ICT）资本的应用日益密集，提升了服务的需求。服务质量的核心是服务产品的体验性过程及其所凝结的心力，通过服务产品的质量、服务人员的心力和情感投入以创造顾客满意。因此，王述英认为服务经济时代已经成为世界经济发展的潮流，它所关注的核心是人力资本中的智力和心力要素。[1]

二　人力资本的泛化

在服务经济阶段，随着社会生产力不断发展，人力资本占据越来越重要的地位，正如美国经济学家加耳布雷思（1967）对生产要素在不同经济发展阶段的不同作用进行了分析后，得出结论：在任何社会发展的任何阶段，都有一种生产要素是最重要的和最难以替代的，掌握着这种生产要素供给的阶层具有极其重要的地位，成为该社会的掌权者。

在产品经济阶段，生产力水平不发达，人类利用自然的能力很弱，主要从事渔猎等原始生产活动，人力资本的作用形式主要是体力。劳动者很少使用其智力，智力处于未开化状态。

---

[1] 王述英：《服务劳动也是生产劳动》，《经济学家》2002年第1期。

商品经济阶段，由于社会生产力极大发展，科技日新月异，劳动工具向精密化、自动化方向发展，为了使生产力达到最大化，劳动者要能熟练操作各种复杂机器。劳动者使用人力资本的方式主要是智力，并以适当的体力为补充。

进入服务经济时代，生产力进一步高速发展，科技向智能化方向发展。服务经济阶段，人际关系也发生了改变，基于快乐互动、幸福共享的服务劳动使人与人的关系成为社会发展主题。人力资本的作用形式出现了泛化，人力资本由体力、智力、心力（心理资本）组成。随着服务业内大量的智能机器的使用（例如，使用机器人照顾老人），与机器相比，人在服务效率方面，可能会面临着劣势。那么在这种情况下，人亲自服务的优势，就在于其具有情感沟通能力，因此，心力的作用越来越重要。甚至可以说，一个没有心力资本的服务者，在未来，将不如一台具有智能的服务机器。在这个意义上，心力资本的作用甚至超越了体力与智力。

第四节　人力资本作用模式的变化：知识生产与用心服务

一　知识生产

与此同时，知识正成为生产过程的第一要素、决定性要素。知识生产过程对物质生产过程具有决定性的作用，因此，劳动者的智力对人力资本的重要性也显著增加。

司汉武认为工业化和第二次新技术革命以来，社会劳动形态呈现出如下变化和特点[①]：第一，创造性劳动成为最重要的劳动形态。创造性劳动有两种表现形式：用于科学发现和技术发明的创造性劳动，以及把科学技术直接应用于生产过程的劳动。像新思想、新技

---

① 司汉武：《从服务经济的拓展看劳动价值论的理论局限》，《科学·经济·社会》2011年第3期。

术、新专利的发明等劳动为第一种意义上的创造性劳动，这种劳动对于生产力的发展创造的价值是最为重要的，但仅有这种劳动还不足以使财富和价值创造发生变化。科学技术应用于生产过程的劳动，一方面使第一种形式的创造性劳动凝结在产品中，如机器设备更新、劳动工具改进及劳动对象发生变化；另一方面在生产过程中创造新价值，由于创造性劳动是高度复杂的劳动，它作为自乘的或倍增的简单劳动必然发挥更大的作用，创造更多的价值[①]。第二，相对于重复性劳动，创造性劳动的比重不断提高。人们探索、发现、使用新知识、新技能、新手段、新材料、新工具，创造新的产品或新的生产方式，使商品生产效率更高，单位时间创造的价值更大、财富更多。在创造性劳动中，管理咨询部门的作用日益重要，经营管理成为重要的劳动形态。企业生产计划、工艺设计、组织、协调、综合、分析、决策都需要创造性劳动，一项行之有效的管理创意往往能带来生产组织上极大变化与高效率。一般管理人员是劳动者，企业管理的决策人极可能是创造性劳动者，创造性劳动也是剩余价值的主要源泉。创造性劳动的产品是环境、资源依存度较小的产品。创造性劳动在不断创造新产品的同时，也在不断创造新的人类需求，它正在渗透到人类经济生活的各个方面，成为人类实现可持续发展的新的经济增长源或增长点。

二　用心服务

在服务经济阶段的生产过程中，物质生产的自动化、智能化水平日益提升，而人与人之间的服务关系地位日渐上升，因此，服务提供者以愉悦的心态、接受者以合作与共享的精神，共同完成服务过程，是服务的最高境界，这个过程需要的是"用心服务"。

第一，友善——服务的起点。人是富于情感的万灵之长，需要以友善来调节交往关系，诚挚的微笑是维系人际关系最为有效的灵丹妙药。在西方的服务业中广泛流传有这样的观点："消费者有权

[①] 葛陆地：《论科技劳动在价值创造中的作用及特点》，《经济研究导刊》2010 年第 10 期。

享受微笑。"我国自古就有"不笑莫开店"的说法。微笑是服务的开始,它是能给人带来轻松、愉快的最有效的服务方式。通过微笑,能够体现服务者与被服务者之间的友善关系。

第二,遵守承诺——维护服务信誉的前提。服务产品有情感的成分,信誉就是情感的核心。守信以实事求是为基础。服务属于无形产品,它依靠信誉吸引消费者,令人无法指望的服务将逐渐丧失自身的作用与价值。

第三,竭诚尽力——服务要求的核心。服务目的是使消费者感到满意,服务必须坚持消费至上的原则。一切都要服从于消费者意愿。竭诚尽力提供服务就是一切从消费者利益出发,竭尽诚意地、全力以赴地提供消费者所需所有服务产品。

第四,求实创新——服务发展的必然趋势。在生活当中我们可以看到人类有许多为调节和发展生活、寻求新奇的消费行为,他们都不同程度地因罕见而得到满足。服务要想发展,就必须发明创造,不断推陈出新。要创新地预测消费需求,用发展的眼光客观准确地找到生产目标,并以合理价格引导消费。①

第五,分享——服务成长的核心。心理学家已证明,比起单纯的获取,人们在交换和分享上凸显出来的需求日渐明显。分享会给分享者带来正效应。哈佛大学神经科学家简森·米歇尔和戴安娜·塔米尔做过实证研究,他们把脑扫描仪放置在被试者的脑部,然后提出各种分享信息的问题,比如他们喜爱的动物或者运动项目,结果发现,他们在分享个人观点时的脑电波,和他们获得钱财和食物时一样兴奋,他们的结论是:"自由表达和披露信息,本身就是一种内在的奖励。"通俗地讲,就是分享本身会让分享者得到获奖一般的生理喜悦。

---

① 参见高苏《服务论》,中国旅游出版社2007年版,第281页。

第五节　人力资本的拓展：人文因素与社会责任

一　人文因素

人文精神，表现为对人的尊严、价值、命运的维护、追求和关切，对人类遗留下来的各种精神文化现象的高度珍视，对一种全面发展的理想人格的肯定和塑造。人作为经济活动的主体，其价值观念、情感意志、性格特征、文化素质、文明程度必然给经济活动以巨大的影响。

在服务经济阶段，要大力呼唤人文因素的回归。各个产业都成为服务的一部分，人们的生产和生活都离不开服务，也都体现着服务，并以服务表现着自己的存在。服务代表了人与人之间的关系。要以人的发展为引领，正确对待社会发展中的一系列基本关系，如手段与目的的关系、合规律性与合目的性的关系、效率与公平的关系、物质生活与精神生活的关系等。在理解和处理这些关系中，应贯通"人本"理念：手段以目的为皈依，合规律性以合目的性为导向，协调效率与公平，平衡物质生活与精神生活。就个人而言，应重视生存价值和意义的自觉，确立合理的生存态度和需要定位，走出重占有甚于重生存的误区，避免"在毫无价值的状态中生存"。①

人作为经济活动的主体，其价值观念、情感意志、性格特征、文化素质、文明程度必然给经济活动以巨大的影响。人的文化素质的提高，具体表现为求真、向善、趋美，以人的自身完善——人的全面自由发展为内容与目的。无论从经济活动还是从经济发展的趋势来看，都充分体现了经济的人文追求。

人文因素决定社会制度、体制构建，决定社会意识和社会文化氛围，这些意识都能从不同层面给社会的发展以重大影响。

---

①　[美]丹尼斯·米都斯：《增长的极限》，吉林人民出版社1997年版，第152—153页。

二 社会责任

服务经济的来临，让劳动者深感自己的道德责任与整个社会相关联。每一个劳动者个体担任的社会责任，体现在劳动中应用科学知识已经成为一种"政治责任"。这种责任表明劳动的结果创造出的社会财富，不仅是直接的体力劳动或脑力劳动的体现，更为重要的是责任管理的结果。这样一来，劳动就其结构而言，已经成为政治劳动。内格特指出：劳动已经成为这样一种活动方式，依据这种活动，协作精神扩展到全社会的范围，以至于任何形式的从外部强加的权力关系，都只能阻碍而绝对不会促进生产活动的发展。

第六节 信用资本化

一 关于信用经济的理论渊源

旧历史学派的代表人物、德国经济学家 B. 希尔德布兰德[①]按照经济发展的主要交换形式，将社会经济发展过程分为：（1）实物经济；（2）货币经济；（3）信用经济。值得注意的是，希尔德布兰德的"信用经济"阶段理论中关于"劳动"与"资本"关系的论述。根据他的观点，在"信用经济"阶段，一种先进的银行制度将按其道德和品格向工人提供信贷，劳动者可以通过"信用"获得借贷，并最终获得资本，避免被资本剥削的命运，从而将使资本家阶级对资本的垄断崩溃。

二 服务经济阶段信用的重要意义

在服务经济阶段，信用是对整个社会发展环境的一种支撑。服务产品的无形性、生产与消费同步性，标准化程度低于有形商品，这种产品在交换甚至使用之前，对服务的质量评价主要依赖于信用机制。服务过程中，服务随着过程完成而消失，缺乏客观的评价标准，因此，

---

① 希尔德布兰德，旧历史学派的代表人物，1812 年生于瑙姆堡（图林根）。被称为唯一真正用历史主义方法写作的经济学家。

在这个时代里，信用起着非常关键的作用，是社会发展的动力之一。

因此，信用的最大特点是对立与统一：（1）一方面"以信为先"，另一方面又讲求诚信之道、实事求是；（2）在选择的时候追求优胜劣汰，但又是信誉平衡与自然循环的和谐产物；（3）一方面讲求条件，追求信息对称，另一方面又追求风险，讲求反馈与回报，并且是更大的反馈与回报。

三 信用资本化

在自给自足的小农经济阶段，交易过程是非常简单的，即简单的交易方式和交易物品，这种交易的范围很小，交易对象也很固定。因此，经年累月重复进行的交易决定了信用机制，在信用决定因素过程中，最讲究的是地缘、人缘和血缘关系，信用在更多的情况下作为道德因素出现在社会中，规范社会活动。道德化阶段是信用最早期的表现形式。

在商品经济阶段，信用步入商品化阶段，即将信用记录作为一种"信息产品"进入市场。这种信用产品由市场化机构提供，主要用于评价商品交易的可靠性。

在服务经济阶段基本形成并高速发展时代，信用发展到资本化阶段。也就是说，信用不是生产要素的一种投入，而是整个生产要素的一个转换要素，通过这种要素来整合经济资源，在很大程度上把人类的经济活动和社会活动从对有形的经济资源的依赖和闲置中解放出来，大力开发以信用资源为核心的无形资产，使人类经济生产可能性边界大大地向外扩张。在这一阶段，信用不仅成为推动经济发展核心要素之一，而且成为配置整合社会资源的资本。

信用资本化的形成，与信息技术的发达，尤其是大数据的发展，有着密切的关系。大数据不但能够提供更为准确的信用数据[①]，对

[①] 现有的信用分析方法，是基于硬数据，即与财产或者交易相关的数据。而大数据，可以引入更多、更丰富的数据集，包括大量基于社交关系的软数据、个人特征数据等，对个人信用进行全面的评价。例如，专业的信用服务公司 TrusCloudq 则通过跟踪用户在 Facebook、LinkedIn 等社交网站及 TripAdvisor 等点评网站的数据记录，作为第三方为共享网站提供客户信用评级服务。

个人信用的评估更为准确，更为重要的是，大数据扩展了信用的用途，从而使信用资本、人力资本与物质资本成为推动现代服务经济阶段发展的三大资本。

第七节 知识产权的变化

一 商品经济阶段知识产权的意义与作用

在产品经济阶段，由于分工不发达，信息（创意、知识）难以大规模应用到生产过程中，因此，没有知识产权的概念。

在商品经济阶段，知识产权是赋予某个个体对一个特定创意的垄断性使用权。知识产权制度起源于社会化大生产，是商品经济阶段的一种重要制度安排。在本质上，"知识产权制度是一个社会政策的工具"[1]。关于知识产权的性质，在法经济学上共有三种代表性的观点：精神所有权说、"非物质财产权说"以及现代制度（产权）学派理论观点。从经济的视角看，在知识、信息（包括作品、发明、标记等在内的精神产品）这一无形资源上界定产权，源于经济学家关于公共产品与私人产品的理论。信息经济学理论认为，知识、信息是一种特殊商品，具有公共产品的某种属性。

知识产品作为公共产品具有以下基本特征：第一，知识产品的生产者很难控制知识创新的成果。如果创造者将其知识产品隐藏起来，那么他的创新活动就不会被承认，从而失去社会意义。如果创造者将知识产品公之于众，他对信息这一无形资源事实上又难以有效控制。第二，知识产品的个人消费并不影响他人的消费，无数个人可以共享某一公开的信息资源。无形的知识产品以有形的载体形式公开，即可构成经济学意义上的"公用性"。第三，知识产品是一种易逝性资产。信息的生产是有代价的，而信息的传递费用相对

---

[1] 刘华：《知识产权制度的理性与绩效分析》，中国社会科学出版社2004年版，第46页。

较小。一旦生产者将其信息出售给某一消费者，那个消费者就会变为原生产者的潜在竞争对手，或是其他消费者成为该信息的"搭便车者"。后者在知识产权领域中即是无偿仿制或复制他人知识产品的情形。第四，知识产品的消费与其他公共产品不同，它的使用不仅不会产生有形损耗，从而使知识产品减少，反而可能扩张社会的无形类资源总量。但是，由于"外部性"原因，生产者提供的信息往往被消费者自由使用，其结果虽然是知识产品带来的社会效益大大高于创造者个人取得的效益，但同时导致知识产品生产者难以通过出售信息来收回成本。

在精神领域，外部性问题将导致消费者的效用最大化和生产者的利润最大化行为的无效益。信息的生产者拥有天然优良资源（创造能力），在精神产品紧缺的条件下，可能运用精神产权的垄断性而获取各种"经济学租金"（economic rent，即垄断利润）。他们力图使自己的私人利益达到最大化，却可能忽视整个社会文化繁荣和科技进步的需求；而信息的消费者基于使用与消费信息的需求，可能利用信息的公共产品属性，去追逐效用的最大化，从而损害信息生产者的利益。为了解决这一矛盾，产生了知识产权制度，即允许信息（创意、知识）生产者在一定时间一定范围内垄断使用其所创造的信息（创意、知识）。

知识产权政策作为市场机制的替代选择，之所以能够防止知识产品供给不足并带来知识财富增长的收益，关键在于这种政策工具所具备的基本功能：

第一，知识财产私有的界定功能。知识产权是一种对知识财产的有效的产权制度安排，它以私权的名义强调了知识财产私有的法律性质。[1] 所谓私权，即私人的权利，说明知识产权是"私人"（包括自然人、法人和其他社会组织）的权利，即使国家在某种情况下作为权利主体出现，也与其他民事主体是相互平等的关系；同时知识产权也是"私有"的权利。对知识财产进行私权界定，采取的是

---

[1] 世界贸易组织《知识产权协定》在其序言中宣示："知识产权是私有权。"

一种市场机制的产权形式,其实质是回答知识财产应为私有还是公有?市场机制的产权形式,即是私人占有的产权形式。这就是法律意义上的知识产权。界定私权的对价条件是:发明创造者将自己的知识产品公布出来,使公众看到、了解到其中的知识,而社会则承认其在一定时期内有独占利用其知识产品的权利。知识产品是公开的(公共产品属性),而知识产权则是垄断的(私人产权属性)。这样就实现了知识公开与权利垄断的对价关系。

第二,知识创造活动的激励功能。知识产权制度能够为科技创新提供激励机制。创新者的创新活动必然要付出诸如时间、人力、物力、财力之类的成本。在市场经济条件下,创新者所支付的成本应该能够收回甚至实现盈利。知识产权制度赋予创新者在一定时间内对其创新成果享有专有权,其他人要想利用其创新成果,必须征得其同意并支付相应的使用费,这样就为创新者收回成本提供了可能。所谓"给天才之火添加利益之油",知识产权制度为创新者提供了最经济、有效和持久的创新激励动力,有助于创新活动在新的高度上不断地向前推进,从而促进创新成果所蕴藏的先进生产力的快速增长。

第三,知识资源利用的配置功能。知识产权制度是创新成果产权化、产业化和市场化的重要政策措施。它的首要目的是界定相关产权,保护创造者的合法利益;同时又要规制产权关系,促进知识、技术的广泛传播和利用。依照经济学的供给与需求理论,智力创造活动也是一种生产活动,精神生产同样是为了交换,只有交换才能获得各类物品的最佳组合,从而达成效用和利益的最大化。就科技创新活动而言,新技术的商品化与市场化是其中的一个关键环节,也是其根本目的。如果一项发明创造完成后不付诸实施,就可能被新的技术所取代,变成无经济效益的技术。知识资源的配置机制和交易制度在法律层面上表现为知识产权的利用,其主要方式就是授权使用、法定许可使用和合理使用。

第四,知识财富分享的平衡功能。政策科学理论认为,实施任何政策都会面临"谁是政策的受益者,谁是政策的受损者"的问题。因此，公共政策常常需要在各种利益冲突之间保持某种平衡，以保证公共政策的顺利实施和社会的稳定发展。知识产权制度关系到知识财富的分配和相关利益的调整。作为"利益相关者"，涉及知识产品的创造者、传播者、利用者之间的权利义务关系；作为"利益分享者"，则要考虑创造者专有权利与社会公共利益之间的平衡。知识产权制度可以发挥知识财富分享的政策功能，它通过权利保护、权利限制、权利利用的制度设计来调整权利主体与义务主体之间、个人与社会之间的利益关系，即"对社会关系的各种客观利益现象进行有目的、有方向的调控，以促进利益的形成和发展"[①]。

第五，知识利益保护的规范功能。知识产权制度保护的是产权化的知识财富。如果创造者拥有的技术或品牌只是一种自然占有或事实占有，这仅表明其取得了某种科技优势和经营优势；只有获得技术和品牌的知识产权，才能受到法律的保护，从而形成法律意义上的独占性"占有"，才能把这种科技优势、经营优势转化和提升为市场竞争优势，以对抗一切假冒、仿制和剽窃的侵权行为。侵犯知识产权的行为直接发生于知识产品的创造、传播和利用过程之中。在法律实施效益不高的情况下，该类侵权行为的产生、蔓延就会影响创造者生产、开发知识产品的积极性，从而导致整个"社会福利"水平的下降。对此，政策经济学的观点是调节有关产权交易及保护的成本收益关系，促使理性的经济人放弃侵权以及其他违法行为。

同时，知识产权制度还担负着实现知识资源有效配置、促进知识财富不断增加的使命。在法律法规体系中，通过创造者权利、传播者权利、使用者权利的制度安排，形成了知识创造、知识公开与知识利用的有效机制。一言以蔽之，知识产权制度的宗旨在于维护知识权利的正义秩序，实现知识进步的效益目标。

然而，到了商品经济高度发达阶段，大规模社会化生产与剧烈的市场竞争，使知识产权制度变得非常重要。因此，知识产权制度

[①] 参见孙国华、黄金华《论法律上的利益选择》，《法律科学》1995年第4期。

得到了高速发展。知识产权成为生产者之间竞争的利器,同时,知识产权作用的大幅度提升,使知识产权的范围扩大化,知识产权出现了被滥用的现象。①

服务经济时代知识产权的作用对社会阶层分化也产生了影响。虽然当代知识产权的辩护者把知识产权说得和其他产权大致类似,其实知识产权的基本原则和其他产权大不相同。经济学家米歇尔·博尔德林(Michele Boldrin)和大卫·莱文(David K. Levine)认为,知识产权远远超过了传统意义上的财产。知识产权不仅仅确保"人对于自己的想法的控制权",就如同保护你控制自己的鞋子和房子的权利一样。相反,知识产权给予权利人对他人如何使用其"拥有的"某个想法指手画脚的权利。博尔德林和莱文指出,这种权利在其他形式的产权中不是自动给予的。假如我生产了一杯咖啡,我有权利决定是卖给你,还是自己喝掉。但是我对这杯咖啡的产权不能给予我卖给你咖啡且指导你如何饮用的权利。

二 服务经济阶段的知识产权:免费使用、模式创新与新的垄断

在服务经济阶段,知识产权在"服务过程"中起到的是提高服务水平的作用,对增强服务主体的竞争力也有着重要的帮助,但仅仅在"服务结果"中,知识产权才可能以具体载体的形式来体现。

在这种背景下,知识产权无论是使用模式还是在使用结果上,都出现了新的变化。

1. 免费使用

进入服务型社会,随着生产力和生产方式的极大发展,人类生活水平得到很大提高,也对服务提出了更高的要求,随之,对于知识产权的使用也悄然改变。

免费使用,是指商家为了打消顾客的某些顾虑,提供的顾客无须支付任何费用就可以使用商品的一种活动。但有时候也不是全部

---

① 例如,由于药品知识产权的滥用,使治疗艾滋病的医药费用非常高昂,导致艾滋病在全球有一个明显的鸿沟:发达国家的艾滋病流行率正得到有效控制,发展中国家的艾滋病病人却持续猛增。

免费的，有的产品可能会需要用户支付一定的快递费用。早期的免费试用，主要是一些卖不动的、库存积压比较严重并且相对来讲价值比较实用的货物。发展到现今阶段，免费试用则主要出现在计算机软件、化妆品、保健品等非耐用品和非必需品的行业中。

著名未来学者阿尔温·托夫勒在其《未来的冲击》一书中也谈到，在农业经济时代土地是最重要的资本；在制造经济时代产品是企业获得利润的主要来源，服务会使产品卖得更好；在服务经济时代，产品是企业提供服务的平台，服务才是企业获得利润的主要来源；而"体验经济"则是服务经济的更高层次，是以创造个性化生活及商业体验获得利润的。①

2. 模式创新

服务经济时代，通过知识产权经营模式创新来实现知识产权商业化，从而推进商业模式的创新。

第一，知识产权有偿使用模式。知识产权有偿使用策略包括知识产权有偿转让和知识产权有偿许可使用。原创公司研发出来的技术产品除了自己实施生产外，还可以通过有偿转让知识产权或使用知识产权的方式获得更大利益。在符合经营宗旨的前提下，以知识产权技术转让或出售知识产权技术使用许可证的形式收回技术研究开发成本，并从中获得利润。

第二，知识产权回送模式。原创公司在引进知识产权技术后，可以对其进行研究、消化、吸收和创新，将改进创新后的技术再以知识产权的形式卖给原输出企业。如果总是单纯被动地引进知识产权技术，不注重引进后的消化、吸收，企业的命运就会掌握在别人手里，也会失去与原输出企业技术竞争的能力。该策略既可以使引进技术方提高技术创新的起点，又能够使自己摆脱知识产权输出方的控制。

第三，知识产权交叉许可模式。即企业间以知识产权技术作为合同标的进行对等交换的一种经营模式。一个企业不可能开发所有

---

① [美] 阿尔温·托夫勒：《未来的冲击》，中国对外翻译出版公司1985年版。

的技术，也不可能保证所有开发的技术都能够获得知识产权。如果原创公司拥有自主开发的优秀知识产权，而竞争对手的知识产权对本企业的生产经营又构成妨碍时，就可采取知识产权交叉许可模式。

3. 新的垄断

在服务经济条件下，信息产业、基因工程产业等，这些依靠现代科技发展而成长起来的高新技术产业，与知识产权具有特别密切的关系，其发展在很大程度上依赖于知识产权的保护，离开了知识产权的保护，这些靠创新与科技进步支持的产业，要实现高速发展是难以想象的。但是知识产权毕竟是一种合法的"垄断"，如果对特定的知识产权提供过高的保护，而又缺乏反垄断法的规制，很容易形成和维持垄断，从而严重影响市场自由竞争，损害高新技术产业的健康发展。

同时，知识产权应用模式的变化，也对社会阶层结构产生了影响。

第一，知识产权对社会经济的影响日益深刻。

知识产权作为一种促进技术发明与创新的制度设计，曾经受到每一次技术革命的深刻影响，但以前的任何一次技术革命，都没有像发端于20世纪80年代以信息技术革命和生物技术革命为创新标志的第四次技术革命这样，对知识产权产生更大的影响。它从法律保护与法律限制两个方面对知识产权提出了新的课题。就保护而言，知识产权新客体的不断涌现和新侵权方式的无处不在，对知识产权保护提出了更多更高的要求；就法律限制特别是反垄断而言，知识产权从来没有像今天这样更有助于垄断的形成，对于具有互联互通功能的信息产业和具有资源有限性的基因工程产业来说，知识产权已经成为高新技术企业限制竞争的主要手段。

知识经济条件下，知识和信息日益成为财富，成为经济发展的最大动力，知识产权比以往任何时候都更加重要，其在激励新知识和新信息源源不断地被生产出来并迅速地转化为现实生产力方面的独特功能比以往任何时候都更加凸显。在不断强化知识产权保护的同时，由知识产权扩张、滥用等所产生的知识产权垄断问题，也比以往任何时候都更加严重迫切需要反垄断法做出回应。然而，产生并发展于工业经济时代的反垄断法，能否适应知识经济的要求以及能否胜任对新条件下的知识产权垄断行为的有效规制等，便成为人们不得不思考的问题。知识产权领域的限制竞争行为在传统反垄断法体系中只是诸多反竞争行为中普普通通的一类，并且常常因为对知识产权的认可、尊重而受到反垄断法的宽容或豁免；当不断扩张的知识产权在技术垄断者的滥用下日益被演绎为知识产品垄断的工具时，原有的反垄断法规则已经难以完全适应对新条件下知识产权垄断行为的有效规制，需要通过反垄断法的制度创新，拓展反垄断法的制度体系，确立系统的知识产权垄断法律控制微观规则，从而实现对知识经济条件下危害严重的知识产权垄断的有效规制。

就信息产业而言，由于网络互联互通的需要，各种网络设备的硬件、软件都必须在统一标准下才能实现兼容、共享，全球的电脑才能连在一起。在当今世界，没有哪一个产业能像信息产业这样，对互联互通和统一标准有这样高的要求。然而，首先进入网络设备供应市场的巨型跨国公司（如美国的思科公司）充分利用知识产权保护制度，将其在该领域中各类技术创新申请为专利，再利用自己的技术优势和资金优势，将自己享有专利的网络设备技术上升为统一标准，从而利用含有知识产权的标准在网络设备供应市场实行高度垄断。后进入网络设备供应市场的新企业，面对这种垄断陷入两难境地：如果不使用老企业确定的统一标准，其产品无法实现与现有网络的兼容与互联互通，产品找不到市场，销售不了；如果使用老企业确定的统一标准，则会导致专利侵权的风险。即使新企业以增加产品成本为代价，愿意向老企业购买这些知识产权，还往往出现老企业为实现垄断目标而拒绝许可的情况。这种高市场占有率加高进入壁垒，使信息产业的垄断表现出相当稳定的特征，对市场自由竞争的危害极为严重，令人担忧。

在基因工程产业，众所周知，21世纪是生命科学和生物技术的世纪，这预示着生命科学将成为21世纪的带头学科之一，生物工程产业将成为 21 世纪的支柱产业。其中，基因在生物产业中具有特别重要的地位，它是生物制药产业的源头、生长点和制高点，源于基因的技术拓展将是 21 世纪制药企业开发新产品的基础，基因研究已成为全球瞩目的焦点。信息技术界巨子、世界首富比尔·盖茨预言，下一个创造出更大财富的人将出现在基因领域。生物产业的这一美好前景，使得针对生物产业的源泉——基因的争夺战随之而起。然而，基因资源最重要的特点之一是其"有限性"。现代研究结果认为，15000—20000 个基因有可能具有医学价值和商业价值。知识产权保护对基因技术的发展和科学研究有巨大的推动作用，但同时，它又可以成为具有丰厚资金和掌握先进基因技术的企业实施生物产业垄断的工具。如今，人类有限的基因资源正在被瓜分，获取基因效率最高和数量最多的企业，有望利用其基因专利垄断未来的生物和制药产业市场。目前，世界上各大制药、化工和农业公司都在积极地进行改组、合并和建立新的联盟，以通过基因相关研究和开发来获取更多的基因专利，强化自己的竞争力。事实上，这场有关基因资源的争夺，集中表现为对具有商业价值的基因专利的争夺，其目的在于利用专利权的排他性来垄断某一功能基因的研究、开发和利用。谁占有较多的基因专利，谁就将在人类基因的商业开发方面抢得先机，如推行开发基因药物、基因诊断、基因治疗等，生物医药企业只有在获得基因专利权限的前提下，才能进行该基因相关药物的开发和利用，基因专利的多少决定生物医药企业生存空间的大小。因此，人类有限的基因资源正在作一次性的分配，生物医药产业正在进行一场基因专利的"圈地运动"。基因专利保证了专利拥有者对基因应用领域的高度垄断，在各国研究机构和大小公司纷纷投入巨额资金去谋取这种垄断的同时，如何运用反垄断法这一重要工具对知识产权领域中这些新的垄断行为予以规制，也成了各国法学界关注的重点问题。

第二，知识产权影响了社会未来发展的方向。

彼得·弗雷斯指出，产权形式从不动产到知识产权的突变，催化了社会的转型进入某种不能被看作资本主义，但是同样不平等的社会。资本主义，就其根源上说，不是由资本家的存在决定的，而是由资本的存在所决定的。而资本的存在和以雇佣劳动为手段的商品生产过程是不可分割的。这个过程就叫钱——商品——钱的过程。当雇佣劳动消失之后，统治阶级可以持续积累财富的唯一条件是：它们保有对一大批可租用之物的控制能力。而这一能力将起因于他们对知识产权的控制。随之出现的将是一个租用主义的，而非资本主义的社会。[①]

[①] Peter Frase：《资本主义之后的四种未来》，http：//select.yeeyan.org/view/339752/323657。

第五章　服务经济阶段的经济生活过程

第一节　服务经济阶段的交易关系

服务经济阶段对市场是一种解构与重构的过程。信息问题（即买方与卖方之间的信息不对称）是市场存在的基础，但是，在服务经济阶段，信息技术的进步、服务的泛化，使市场存在的基础动摇，因而现有的市场有可能解构。但是，从交换视角看，人类社会已离不开交换。因此，在服务经济阶段，市场将会以另一种形式重构。

一　交易范围的拓展

在服务经济阶段，随着信息沟通技术（ICT）的不断进步，交易范围在深度与广度方面均得到了极大的拓展。交易的品种实现了从产品到服务的拓展，尤其是服务领域的各类产品，成为服务经济阶段交易品种的核心。

从交易的深度看，各种交易模式的创新，使从商品到服务都成为交易的对象。从交易的广度看，信息沟通技术及交通技术的发展，使交易范围拓展到全球。

就服务经济对城市和社会的发展影响而言，服务的人际特性、信息文明的均等化、电子商务打破空间和地域阻碍的特点使得小城镇与大都市的吸引力对比发生变化，这会使更多的交易更广泛地扩展到原来无法实现交易的区域，如小城镇、偏远区域等。

二 交易模式的变化：参与式消费及体验式消费

1. 参与式消费

在服务经济阶段，在提供服务的整个过程中，顾客都发挥着重要作用，他既是服务质量的评判者，又在创新过程中扮演着"合格生产者"的角色，顾客本身素质的高低及其参与程度直接决定了服务提供和创新的效果。[1] 顾客是服务产品的使用者和消费者，是服务企业的服务对象，在服务创新过程中具有重要的导向作用。

富克斯认为，服务业的主要特点是：从事人员主要是白领，多数是劳动密集型，多数与消费者直接接触，几乎全部生产无形产品。"服务经济"是以提供服务产品为核心的经济形态。而产品"服务"需要服务提供者和接受者共同参与才能完成。因此，服务经济阶段是一种参与式消费阶段。

在服务型社会里，服务成为服务型社会普遍认同与接受的观念，越来越多的人接受别人的服务，参与服务消费，体验并享受生活的乐趣。因此，在服务型社会里，参与服务消费，获得服务，享受服务成为人们普遍认同的生活观念。同时，处在这样社会中的人也愿意参与服务消费，为他人、为整个社会提供自己的服务，并在提供服务的过程中，展现自我、实现自生价值，从而在服务消费中不断丰富自己的人生。

2. 体验式消费

服务经济时代，消费者崇尚的是体验式消费。"体验式消费"是指以客户为中心，通过对商场、产品的安排以及特定体验过程的设计，让客户在体验中产生美妙而深刻的印象，并获得最大程度上的精神满足的过程。正如派恩和吉尔摩在 1998 年发表的《体验经济时代到来》一文中提出，体验是指企业以服务为舞台，以商品为道具，以消费者为中心，创造能够使消费者参与、值得消费者回忆的活动（该观点后被学者们广为引用）。[2]

---

[1] 胡松、蔺雪、吴贵生：《服务创新组织模式初探》，《商业研究》2006 年第 10 期。
[2] 姜奇平：《体验经济》，社会科学文献出版社 2002 年版，第 350 页。

体验一般被看成是服务的一部分，但实际上体验是一种经济商品，像服务、货物一样实实在在的产品，不是虚无缥缈的感觉。这其中商品是有形的，服务是无形的，而所创造出的体验是令人难忘的。与过去不同的是：商品、服务对消费者来说都是外在的，但体验是内在存于个人心中，是个人在形体、情绪、知识上参与的所得。各人的体验不会完全一样，因为体验是来自个人的心境与事件的互动。体验不仅仅限于娱乐，只要让消费者有所感受、留下印象就是提供体验。派恩和吉尔摩指出："企业——我们称之为一个体验策划者——不再仅仅提供商品或服务，而是提供最终的体验，充满了感性的力量，给顾客留下难忘的愉悦记忆。"①

体验消费与过去目的性极强的消费行为不同，消费者不再是简单地"为买东西而买东西"；体验变成了一种个人休闲行为，无目的、带有偶然性等是它的显著特征。换句话说，消费者只要随心所欲地去逛，感觉良好就是一次"消费"。

体验消费本质上是一种新奇刺激性的消费，可以满足消费者心理和情感上追求陌生感、新鲜感和新奇感的体验需要。从这个意义上说，体验消费可以理解为尝新型消费、新奇型消费、感受型消费。一般而言，以下几种情形最有可能进入消费者的体验视野和领域：以前从未消费、体验、感受过，但早就听见他人说过，早就看见他人消费过，因而心仪已久，体验、感受和尝试的渴望和冲动由来已久；或者闻所未闻，见所未见，一旦有了见识和消费的机会，马上产生了体验、感受和尝试的渴望和冲动；或者很久以前曾经消费、体验、感受过，留下了深刻而难忘的印象，回忆和怀旧的情感萦绕心头，挥之不去，一旦有机会，就会产生再次体验、感受和尝试的渴望和冲动。

三　互助与分享模式

由于网络技术的发展和社群主义的兴起，互助服务消费模式正

---

① ［美］约瑟夫·派恩二世、詹姆斯·H. 吉尔摩：《体验经济》，夏业良译，机械工业出版社2002年版。

在崛起。

互助服务的模式,按照是否支付相应的对价而言,可以分为对等的互助服务与非对等的互助服务。按照是否基于某种非经济关系而言,可以分为人格化的互助服务与非人格化的互助服务。

非对等的互助交易模式,在产品经济阶段即已有之。在部落内部或者小的社群内部,人们相互馈赠礼品,形成礼品经济。即使这种礼品经济,也存在着心智交易成本(Mental Transaction Costs)。这种对等的互助模式,在产品经济阶段曾经十分盛行,但是,受限于其生产水平以及互助的范围、需求的互补性等因素,并没有成为社会的主流。在商品经济阶段,由于交换的泛化,使互助模式不再流行。互助成为偶尔发生的行为。总之,在产品经济阶段与商品经济阶段,互助是基于人群之间的特定关系,互助模式是一种人格化的互助服务。

到服务经济阶段,信息沟通技术的进步使不确定性缩小,互联网通过各种即时沟通技术等改变信息不对称问题,物质的极大丰富,使互助模式以另一种方式兴起,这种模式在当今已现端倪,例如,打车领域的 UBER、嘀嘀;住宿领域的 Airbnb。

这种全新的互助模式,现在称之为分享经济(Sharing Economy)。① 因为引进了交换规则,使一般人能够利用其闲置资源为他人提供服务,不同于商品经济阶段服务的专业化提供模式,使用者按照一定的规则支付费用,也不同于产品经济阶段的非对等互助模式。信息技术的进步,使互助能够在人群中普遍实现,这也不同于传统互助模式依赖于熟人的人格化模式。②

具体而言,分享经济是指个体间直接交换商品与服务、理念的系统。理论上,这涵盖方方面面,既包括搭车、共享房间、闲置物

---

① 在实际运用过程中,分享经济与共享经济(Shared Economy)、协作经济(Collaborative Economy)、免费经济(Free Economy)、点对点经济(Peer to Peer Economy)等相关概念既有着联系,又有一定的区别。

② 当创始人布莱恩·切斯基把 Airbnb 的形式告诉祖父时,他的祖父觉得这主意很平常,直到 20 世纪 50 年代,祖父那一辈旅行住宿,经常是住在朋友家、朋友的朋友家。

品交换，也包括思想、理念等无形资源的共享。其特点包括：

第一，共享。通过分享经济平台，消费者可以将自己的物品交由他人共享，也可以共享他人的物品。

第二，业余。分享经济的一个重要特征是业余，而非职业。克莱·舍基（Clay Shirky）在《人人时代》（亦译作《未来是湿的》）提出"大规模的业余化"是分享经济的一个重要前提。例如，在现有的汽车分享经济中，大都利用私家车的剩余运输能力，而非职业化的出租车。

第三，免费或者低价。在现有的分享经济中，提供者大都利用其闲置资源，提供分享服务的边际成本较低，这使得分享过程得以低价或免费。

第四，网络化。网络对从文字、图片到视频、软件的虚拟资源的共享行为起到了极大的推动作用，并使共享理念深入人心。近年来，借助网络平台，更使分享经济深入到房屋、汽车、二手货品、机械等实体产品。

第五，信任。在陌生的个体之间通过第三方网络平台进行物品交换与服务提供。这是基于大数据的信任。与工业化时代基于商品生产的信任有着本质的区别。

四　免费模式

克里斯·安德森写了一本很有影响的商业著作，即《免费：商业的未来》[1]，提出在互联网时代，免费将成为一种重要的商业模式，也将成为很多服务消费的模式。

在服务经济时代免费模式的兴起，其原因有很多。其中主要包括：

其一，大量的业余生产者或服务提供者，拥有较低的生产成本，其最终产品或服务得以免费提供。例如，在互联网时代，UGC（User Generated Content，用户生成内容）等的兴起，使网上拥有了大量的免费内容。

---

[1] 参见［美］克里斯·安德森《免费：商业的未来》，中信出版社2009年版。

其二，信息大爆炸，使注意力成为稀缺资源。人类以注意力交换网络上的大量免费产品，而商家将注意力外化为数据，而数据再转化为商家的利润。在互联网影响下：注意力资源日益稀缺，因此，很多人都会倾向于免费提供商品或服务，换取消费者的注意。

其三，满足需求的方式变化。人类的需求是分为多层次的，个体效用有很多种满足方式，得到关注也是其中的一种。

第二节 服务经济阶段的消费关系

服务经济阶段的消费，其核心是服务消费。服务消费不同于商品消费，很难以外在形式表现出来[①]，商品消费的外在化，是商品经济阶段消费符号化的重要原因。到服务经济阶段，消费关系进化为以个性化、情感体验与心情互动为主的消费关系。以人的精神满足作为价值评判的重要标准，效用与价值更加主观化。

一 服务消费成为消费的主导

在服务经济阶段，由于商品的极大丰富，闲暇时间的增加，使服务消费日益成为消费的主导。

第一，闲暇的增加使服务消费成为可能。服务消费的一个重要特征是，很多服务消费需要消费者的亲自参与，这使服务消费需要消费者有足够的闲暇才能完成。到服务经济阶段，一方面，生产服务业和科学技术的发展可以大幅度提高实物产品和服务产品的生产效率，并缩短劳动时间，增加闲暇时间。另一方面，生活服务业的社会化、专业化发展，以及各类家庭用自动化装置的发展，使人们能够从繁重的家务一类原来自我服务的劳动中解脱出来，也会增加闲暇时间。正如西托夫斯基所指出的，一个重要的问题是"闲暇的

---

① 例如，商品有品牌，品牌可以作为一种外在的表现形式来表明消费过程。

增加超过了人们消磨闲暇的手段"①。因此，这使更多的服务消费成为一种可能。

第二，服务供给的多样化、丰富化与创新化，也为服务消费提供了无限可能。在服务经济阶段，经济向服务业转型，服务本身以传统的、经验的服务向精神服务和个性化服务进行转变，也将使服务变成闲暇消磨的最重要的手段。

二 服务消费的互动性

服务经济阶段，消费过程成为一种心情传递过程。这种过程的价值与愉悦，将超越物质消费、符号消费带来的心理满足，因此，消费理念从符号消费所带来的炫耀感，转变为各方的互动。在服务经济阶段，崇尚的消费理念是在互动中愉悦、在互动中巅峰体验。例如，很多人吃饭之前要先拍照发微信，其本质不是说他的饭菜有多贵重，而是强调其特色。

服务消费属于高互动性行业，如餐饮业、零售业等，服务人员往往与顾客近距离接触，并且经常存在语言和行为的交互，至关重要的是要使服务消费者感受到服务是一种"享受"。因此，服务的生产者应千方百计地提高服务质量和水平（如，服务者的素质、态度、语言、表达方式、文明程度等）。另外，服务的消费者要通过自学、网络、广告、远程教育等各种途径提高对服务的了解和认知。

消费者的生活方式以及消费行为都存在着差异性，这使得消费者的需求呈现多元化。因此在服务消费的过程中，服务生产者要把握互动时机，掌握消费者心理变化，在互动中为消费者提供愉悦的服务体验。

传统观点认为，生产者生产价值，消费者消费价值。消费互动创造情感体验，实现共创价值。消费者除了不自觉地通过自己的需求信息对企业生产施加影响外，他们与价值创造过程没有直接关

---

① 参见《无快乐的经济：人类获得满足的心理学》，中国人民大学出版社2008年版，第70页。

系。企业的产品设计、生产和分销都是自己完成的。然而，这种观点正面临一种新情况的挑战：顾客与企业共同创造价值（简称共创价值）。[①] 柯林斯、涂尔干和帕森斯都认为，在互动中的情感是互动成员获取的重要价值，也正是这些情感价值产生了融合的机制。

服务消费是消费者与生产者之间面对面的直接互动过程。参与者会获取和强化事物给他们带来的情感体验；相互关注能让互动有序和有效地开展，并因此形成共享的情感，甚至情绪感染。情绪感染主要是一种情绪的传递，在服务的过程中，有时感染的情绪化力量甚至超过服务质量本身。但服务消费中的情绪感染过程也具有其特殊性。

第一，服务消费中的情绪感染个体有别于一般的社会交往个体，并不是朋友、同事、亲属之间的情绪互动，而是代表服务提供者和消费者两大利益体之间的情绪互动，二者之间本身就是"服务提供者"和"被服务者"的对立关系。Hochschild（1983）很早就提出了"情绪劳动"的概念：把向顾客提供良好情绪展示作为服务工作中的重要内容。在服务消费中，顾客在追求核心服务产品的同时，还希望得到良好的情绪体验，因此顾客对服务员的情绪展示也会更加在意和敏感，内在的情绪感染作用也会更加突出和重要。

第二，在实际的服务消费中，服务人员的负面情绪信息往往更容易被消费者捕捉和吸收，并进而影响其负面情绪的变化。

第三，消费者在接受服务消费的全过程中，可能会多次受到不同服务人员正（负）向情绪展示的刺激，从而导致正（负）向情绪感染在短时间内交替出现（如顾客在服务失败中首先受到服务员负向情绪感染刺激，随后又在补救过程中经历领班正向情绪感染刺激等），这会带给消费者更加复杂的情绪变化过程。但在现有研究中还未有学者关注消费者经过多次情绪感染后的情绪感受，这不利于

[①] 万海文、王新新：《消费领域共同创造价值的形成机理研究》，《经济管理》2010年第7期。

深入揭示消费者心理的内在转变过程。

三 服务消费的无限性与有限性

进入服务经济阶段,服务消费成为人们日常生活的必需。人们在服务消费中得到快乐、幸福。

对于某一服务消费,由于以前良好的消费体验会在潜移默化中影响消费者的消费偏好,形成消费的无限性。消费偏好是指顾客对指定商品、品牌或服务场所产生特殊信任,重复、习惯地前往一定的商店,或反复、习惯性地购买同一商标或品牌的商品。[①]

第一,减少时间的压力,降低转换成本。减少信息收集、评价和产品比较等方面的时间成本,保证购买决策的质量。因为转换成本可能更高、了解服务替代品的可用性更困难。

第二,降低购买风险。消费者在意识到购买风险的存在以后,必然会主动地采取应对措施,而以前良好的服务体验可以减少消费者的购买风险。

第三,维护自我形象。自我形象是指消费者基于价值标准、价值判断、个性特征、理想和追求等对自己形成的一种自身评估和形象塑造。市场上的消费者都有各自的自我形象。当产品形象与消费者的自我形象一致时,他就会做出选择这种产品的决策。消费者还会不断地重复购买该产品以维护自己的形象。

相反,如果消费服务带给消费者一般的,甚至痛苦的服务体验,当然这种情况下,要让消费者不断消费该物品显然不符合"经济人"思维。同样,消费者的消费行为也要受到很多因素的影响。如自然环境、物质生活条件、经济发展水平、周围环境的影响都可能改变消费者的消费习惯。这样,消费者会追逐可替代的消费服务来愉悦巅峰体验。

四 服务消费的心理特征

服务经济时代,服务业成为服务经济中的主导产业。生产力的发展,使人的需求从低层次的温饱上升到精神需求。"顾客至上"

---

① 张等菊编著:《服务心理学》,经济科学出版社2013年版,第73页。

成为消费的基本理念。在服务经济时代，人与人的关系成为主题。人们更加注重服务消费过程中的情感体验。经济也心理化发展，尤其是服务的心理化。因此，准确把握人们的消费心理特征，对于营造合作、共享、互动的服务消费氛围意义重大。

第一，追求流行与从众的心理。与商品不同，服务甚至更容易在人群中流行起来。马尔科姆·格拉德威尔认为，思想、行为、信息以及产品常常会像传染病暴发一样，迅速传播蔓延。[①] 由于服务经济阶段确定性的丧失、意义的丧失、威权的丧失，这种流行甚至超越了理性可理解的范围。例如，杜尚的著名作品《泉》，只是一个用过的小便池，他做了个支架，贴上了标签，签上了大名。据此，杜尚指出，艺术品，就是被安置在艺术殿堂的东西。《华盛顿邮报》曾做了一次有趣的实验，请世界上最伟大的音乐家之一，著名小提琴家约夏·贝尔在华盛顿朗方广场地铁站里，用一把制造于1713年价值350万美元的小提琴先后演奏了6首巴赫的作品。其间1097人经过，只有6个人停了一会儿，约20人给了钱，但多数是边走边扔给他，总共收到了32美元，待演出结束时，无人鼓掌、无人理会。可就在两天前，他在波士顿一家剧院演出，所有门票售罄，而要坐在剧院里聆听他演奏同样的那些乐曲，平均得花200美元。

第二，追新求奇的消费心理。社会经济和文化的发展使得人们的生活方式发生了很大变化。现代生活的特征是闲暇时间及其重要性的增加，人们不再局限于传统的生活模式，生活形态趋于多元化。现代人们的生活方式已经从大家都相同的标准型，变成与他人不同的特殊型。他们追求的是个性化生活方式，以追求商品的新颖、奇特为主要目的的消费心理，其核心是"时髦"与"奇特"："人无我有，人有我优，人优我新"，"物质生活高档次，精神生活高格调，生活规律高节奏，文化生活高结构"和"在变中求新，在新中求美，在美中求趣"。

---

① 参见［美］马尔科姆·格拉德威尔《引爆流行》，中信出版社2002年版。

第三，崇尚体验式的多元化消费心理。社会文化的变迁与传播媒体的激增，以及市场上的其他变化也会影响消费者的态度和价值观。比如，希望生活多样化，希望改变身份体验各种经历，希望尝试想要做的事情，向某些事物挑战；希望在物质和精神上都能自立，脱离传统，按自己的意愿生活；希望过得快乐，做自己喜欢做的事，活在当下，等等。对于现代人来说，按自己的意愿消费能享受自我并获得快乐，甚至达到巅峰体验。马斯洛在阐述高峰体验时认为："这种体验是瞬间产生的，压倒一切的敬畏情绪，也可能是转瞬即逝的极度强烈的幸福感，或甚至是欣喜若狂、如痴如醉、欢乐至极的感觉。"

第四，以自我为中心的消费心理。人们往往努力体验由事物激发的自我想象而获得的享受甚于对物质满足的追求。因此，人们消费行为的核心不再是对商品的实际选择、购买或使用，而在于精神上的追求。对自己的特质更为注意，更加重视自我。

第五，情感消费心理。情感消费心理不是以追求商品的使用价值，而是以追求商品所象征的情感性为主要目的，其核心是商品的"象征"意义。一般情况下，人们的消费行为带有很强的情感性，在购买商品时，常常比较关心商品所包含的情感意义。认为某种商品对自己特别有价值，或某种商品除具体的功能外，还对自己和亲友有象征性的意义，如表达了爱情、尊严、唤起了自己的情感、回忆等。由于这一消费心理的存在，人们在购买活动中，经常会脱离商品的"工具"或实用价值，而趋向于追求商品的情感功能。

第六，服务消费过程中形成心理契约。在服务消费情境中，交易之所以能够进行，就是因为顾客感受到企业或隐或明的承诺，对企业产生了售后保证、人格尊重及其他无形关怀方面的心理期望，这就是企业与顾客互动过程中生成的心理契约。Robinson（1996）认为，一旦一方做出某种承诺，这种承诺就成为一种感知义务或责任，它将使人们相信能从这种互动关系中获益，此时就产生了心理契约。因此，服务消费情境中的顾客心理契约可以理解为：顾客对自己与服务企业之间互惠义务或相关责任的感知，它包括交易心理契约和关系心理契约两个维度。交易心理契约是指某一有限时期内的具体的、可货币化的交换，关注的是具体、短期的经济交互关系；关系心理契约则来自较高卷入水平的情感投入，更多地关注广泛、长期的情感交互关系。

第六章 服务经济阶段的社会特征

第一节 社会组织结构的变化

服务经济阶段，由于生产的变化、消费关系的变化、人际关系的变化，使社会结构带来了巨大的变化。

一　社群的兴起

服务经济时代，社会组织结构的一大显著变化就是社群化。所谓社群是指拥有共同的历史传统、文化背景或共同信仰、价值目标、规范体系的，关系稳定而持久的社会群体。家庭、社群的本质决定着其成员的属性和特征；由其共同的利益和社会共识决定着，社群成员之间以及成员与整体之间的命运休戚相关；社群与社群之间既有区别又有联系，任何一个独立的社群整体同时又是另一个更大的社群中的要素；社群不再是封闭的而是开放的、发展的。

20世纪后期，人类快步进入"知识经济时代"，信息化高度发达，经济生活一体化，社会生活和政治生活也日益一体化，各种利益团体的作用严重削弱。曾在西方民主政治历史上有极其重要地位的中间性社群，如教会、社区、协会、俱乐部、职业社群、种族等逐渐隐退于我们的政治文化生活之中。随之而来的后果是，传统的自由民主价值在现实生活中受到挑战。为了维护传统的政治价值，社群主义者便挺身而出了。同时一些新的社群却在西方国家中出现，并且对现实生活产生越来越重要的作用，如绿色运动组织、反战和平组织、女权运动组织等新社会运动。"和平权"、"发展权"和"资源共享权"等集体享受的权利,其特点是这些权利必须建立在社群关系之上,由一定的社群集体共享。

社群主义代表人物之一迈克尔·桑德尔提出了三种不同类型的社群:工具意义上的社群;感情意义上的社群和构成意义上的社群,但他最强调的是最后一种。"因为共同体不止描述一种感情,还描述一种自我理解的方式,这种方式成为主体身份的组成部分。按照这种观点,他们认为他们的身份——既有他们感情和欲望的主体,又有情感的欲望的对象——在一定程度上被他们身处其中的社会所规定。对于他们来说,共同体所描述的,不只是他们作为公民拥有什么,而且还有他们是什么;不是他们所选择的一种关系,而是他们发现的依附;不只是一种属性,而且还是他们身份的构成成分。比起手段型和情感型的共同体观念,我们把这种观念称之为构成性观念。"[①] 即自我与他人共同构成的社群也成为构成自我的要素。

在《社群主义及其批判》一书中,丹尼尔·贝尔又将构成性社群概括为三类:

第一,地域性的社群。也就是我们通常讲的社区,往往是自己所居住的某个场所。地理意义上的社群以个人出生和成长的所在地为核心,通常包括故乡、居住的社区、社区所在地区或城市和国家等。与个人生活直接相关的地理性社群比与个人生活不那么直接相关的社群对个人的认同影响通常要更大。

第二,记忆性的社群。它的主要特征就是拥有共同的悠久历史,其共同的传统可以追到以往数代人之前。由于这些社群拥有共同的历史经验,所以对其未来的希望和理想也常常是共同的。这样的记忆性社群有着一种特殊的道德传统,这种特殊的道德传统深深地根植于社群成员共同的记忆和期望之中。如果人们没有这种记忆性的社群,缺乏这种道德的传统,那么他们就失去了其生活的意义和希

---

① [美]迈克尔·桑德尔:《自由主义与正义的局限》,译林出版社2002年版,第181—182页。

望的源泉，就会对他们的自尊和能力造成很大的伤害。丹尼尔认为，记忆性社群与民族国家的关系最为紧密。记忆性社群，"就是一群互不相识的人，他们的日常生活和思想里有一种共同的历史。这种社群提供了一种道德传统，有助于表述我们生活中的一致性，使我们有义务来促进我们的历史中所记忆和期望的理想，把我们的命运与我们的前辈同时代的人以及后代连接在一起。"① 丹尼尔认为，民族是记忆性社群的明显例子，"因为它（民族）已经成为现代社会人们的属性的重要一面，多数人觉得他们和自己民族的历史与命运紧紧相连。另外，我们对自己的民族在整个历史上的行为，不论好坏，都是一种道德责任感。而正是这种对于民族历史的共享使得人们忠于民族的利益"。②

第三，心理型社群。即在信任、合作与利他精神的支配下的个人面对面互动的社群。这是指将参与共同活动、经历"共处"的心理体验作为共同目标的人群。这些社群以面对面的互动为基础，并且在组成人员心怀社群共同的善、为社区的利益行动的意义上，受到信任、合作和利他精神的支配。它们与地域型社群不同，不一定受到位置和接近性的影响。它们与记忆型社群的区别则在于它们更加"真实"，它们典型地基于面对面的同时的社会互动，然后往往会在社群大小上受到限制。家庭是其中最典型的例子，其他例子还包括基于信任和社会合作的工作或学习小组。

在滕尼斯看来，社群不仅是政治生活的必需，也是我们理解个人的最好参照，更重要的是它构成了人们温暖的心灵家园。在社群主义者心中，社群还是一种值得追求的善，个人只有在社群中，其一切生活才有意义。吉登斯提出要把福利创造和社会团结结合在一起，通过社群与个人之间的权利、义务的新平衡来对福利国家进行根本性的变革。

---

① [美] 丹尼尔·贝尔：《社群主义及其批判》，生活·读书·新知三联出版社2002年版，第124页。
② 同上书，第127页。

社群兴起的一个后果是，对品牌的反对。在工业化时代，产品非常丰富，而消费者对产品的信息非常有限，这需要有品牌作为一个信息筛选与信号传递的机制。但是，在服务经济阶段，由于信息的极大丰富，品牌的信息筛选与信号传递的功能弱化。消费者更多地依赖社群中同伴提供的信息或建议，斯坦福大学营销学教授伊塔马尔·西蒙森（Itamar Simonson）和商业作家伊曼纽尔·罗森（Emanuel Rosen）据此提出：当客户能够毫无阻碍地接触到其他消费者发出的产品评价时，能够拥有关于产品的大量信息时，品牌已经成为产品质量一个并不重要的附属品。因此，未来的时代是一个去品牌化的时代。

二　阶层的扁平化

孙希有（2010）指出，服务的兴起首先引起个人的社会地位与社会角色的改变。因为每个人在社会结构中总是处于一定的服务与被服务地位，在服务他人的同时也接受他人的服务，因而个人就是服务与被服务的统一体，这是决定他们进行社会行动的前提。同时，个人的社会行动实质上就是扮演某种社会角色以便更好地为他人提供服务，进而让自身得到更好的服务。在服务过程中，每个行动者都必须按照服务的规范与标准进行着非个体化的行动。[①]

社会结构也涉及个体在社会行动中所处的地位、所扮演的角色，由此就关系到行动者所属的社会阶层以及这个阶层所形成的时空结构。因为不同的社会阶层生活在不同的时空情境之中，形成不同的时空结构，体现着不同的时空特性。而在以服务为标准的社会里，各个阶层彼此平等，服务与被服务结合为一个平等的主体。

对社会形态的划分，从历史上看，以种植为主的生产方式把整

---

① 帕森斯认为，正是由于"分化"导致了社会变迁。在这里，"分化"逐渐打破了原有社会结构内部的均衡，造成子系统之间的紧张，引起社会子系统的瓦解，导致社会的变迁。当然，社会变迁不等于社会进化与社会发展，只有能够导致社会分层的加快、科层制度的实行、市场体制以及法律意识的普遍确立、民主制度的采用以及相应政治文化的认同等变迁才与社会进化或社会发展一致。因此，服务型社会的到来，必然会导致原有社会结构的不断分化和瓦解，并产生新的社会稳定机制。

个社会日益划分为种植业主以及种植业者两大阶层，在这里，土地把种植业主以及种植业者紧密地联系在一起，形成对土地的支配与依赖关系；以制造为主的生产方式则把社会分化为各种不同的产业工人，在这里，资本把企业主与产业工人紧密地结合在一起，形成对资本的支配与依赖关系；而以服务为主的社会则把社会群体分为服务者以及服务对象两大阶层，服务则是维系各个服务主体以及服务对象的桥梁，整个社会形成对服务的依赖。

在服务经济阶段，整个社会要从服务中获取自身发展的基础，社会系统中的各个阶层、各个组织或群体都围绕服务而生产，以服务为主导统领整个社会的生产与生活，进而决定着整个社会阶层与社会组织的生活。帕森斯把它称为"适应功能"。

杰里米·里夫金指出，第一次工业革命使19世纪的世界发生了翻天覆地的变化，第二次工业革命为20世纪的人们开创了新世界，第三次工业革命同样也将对21世纪产生极为重要的影响，它将从根本上改变人们生活和工作的方方面面。以化石燃料为基础的第二次工业革命给社会经济和政治体制塑造了自上而下的结构，如今第三次工业革命所带来的绿色科技正逐渐打破这一传统，使社会向合作和分散关系发展。如今我们所处的社会正经历深刻的转型，原有的纵向权力等级结构正向扁平化方向发展。未来社会的政治权力结构应呈网络型特征，而不是目前的金字塔形结构。所谓金字塔形权力结构，就是指权力的运作主要是自上而下，少数人掌握着社会的大部分权力，处于权力的优势方，大多数人处于权力的劣势方。而网络型权力结构，则是指权力的运作如同网络，互相制约，互相平衡，谁也不处于优势地位；并且由于现代科学技术的支撑，网络的运转呈高效率状态。网络型权力结构与金字塔形权力结构相比，网络型是一种更稳定、更体现个人自由的权力结构。另外，网络型结构是一种更富弹性的结构，容易适应外界环境的变化和冲击。从金字塔形结构要过渡到网络型结构，需具备两个条件：一是社会成员的普遍理性化；二是科学技术的高度发展。其中上述第一个条件是网络有效运作的人文前提，第二个条件是网络有效运作的物质前提。

三　网络社会的崛起

进入服务型社会，随着信息网络技术的发展，特别是呈指数方式增长的互联网（信息高速公路）的建设，社会生产方式正在发生引人注目的变化，社会生活的方方面面正在主动或被动地网络化，一种新型的"信息社会"、"网络社会"正在出现。

由于信息网络技术的发展，"信息社会"或"网络社会"的到来，权力或财富的本质正在悄然发生某种改变：科学、技术、知识、信息等无形资本在生产中的地位和作用日益突出，越来越成为最重要的经济资源，成为竞争能力的标志。社会财富不再仅仅表现为土地、厂房、机器、资本等实物形式，更表现为无形的知识、信息、技术等，后者虽然不是物质财富，却可以转变为物质财富。在信息社会中，谁掌握了科学、技术、知识、信息等无形资本，谁具有知识创新能力或创造性地运用知识于生产的能力，谁就越可能拥有权力与财富。

信息网络技术最典型的新颖、独特之处，就在于"数字化"、"虚拟化"。网络是由电脑互联构成的，上面流动和存储的信息都是以数字（比特和字节）的方式存在的，我们所看到的和听到的一切，都变成了数字的终端显现。甚至在网络上，人也是以一个或多个符号为代码进行活动，或者说被数字化、虚拟化了。这种一切均化为数字之幽灵的"虚拟时空"或"数字世界"，或许是人类有史以来最诡异的一种生存变异和活动革命。而通过开放数据运动，使人更可以使用数据将他人的特征、整个人际关系网络等形象地描绘出来。

借助虚拟技术、信息网络技术，人们的能动性、自由度较以前大大提高了，人类认识和实践活动的深度、广度得以前所未有地拓展，人类生活、实践获得了新的活动空间。随着各种"虚拟"活动，如虚拟交往、虚拟会议、虚拟商业活动、虚拟文学艺术创作、虚拟宗教活动、虚拟旅游、虚拟游戏、远程医疗、远程教学的出现，人们已经或正在感受到，许多过去人类不可能或尚无条件亲自进行实践活动的领域，现在正渐次对人类打开大门；而许多过去受到时空、物质手段以及社会经济等因素制约的活动范围，迄今为止由于虚拟实在的出现而不再构成限制，如在虚拟环境中学习驾驶飞机、汽车，电脑模拟核试验，远程专家会诊、手术；甚至人们的想象力也前所未有地丰富、发达起来，一个看似"虚拟"的"另类"的"网络社会"、"虚拟社会"，已经或正在成为人们真实的现实生活的一部分。

随着网络的普及，网络便日益独立于现实社会，人们社会生活的某些部分也网络化而演变为一种独特性的网络社会生活，从而部分地取代现实社会生活的功能；而且，现实社会生活将在很大程度上越来越依赖于网络。甚至可以说，当社会的信息化达到一定程度，离开互联网，现实社会生活有可能陷入瘫痪。

信息技术的迅速发展，极大地促进了文化、知识、信息的传播，普遍地提高着大众的文化知识水平，不断地唤醒着大众的民主意识、民主要求，同时也打破了少数管理高层垄断信息的局面。更具体地说，一方面，过去由于种种原因，大众作为"国家的主人"并没有享受"被充分告知"的权利，并没有真正参与到决策、管理过程之中，而今，由于信息网络的崛起，人们可以突破时空的限制，直接取得决策所需的各类信息，经由网络"直接"参与公共事务。

"网络社会"引起了整个社会生产、生活方式的深刻变化，形成了人的第二生存空间。网络社会是一种"远离传统"的全新的社会生存方式。它既不同于以地理区域为特征而划分的社会方式，也不同于以意识形态为特征而划分的社会方式。它是建立在高速的信息电子网络基础上的"虚拟社会"，是一种不断地远离传统、探索未来的新型的社会生存方式。网络社会最为显著的特征，是以计算机网络技术为基础的"数字化生存"方式，这种"数字化生存"方式，正以特有魅力影响着人们的社会生活。

相对而言，传统社会的组织管理结构是一种金字塔形的结构，是一种自上而下的管理权力高度集中统一的体制。在这种管理体制中，人们的思想、观念和行为在很大程度上要求趋向于高度统一、整齐划一。而信息网络具有非中心化、超地域性的特点。互联特网是由世界上许多国家的很多局域网以及人们自主互联所构成的，它采用离散结构,不设置拥有最高权力的中央控制设备或机构。它既没有中心,也没有明确的国界或地区界限。作为一个自发、自动互联的信息网络,它没有"所有者",不从属于任何人、任何机构甚至任何国家,因而也就没有任何人、任何机构、任何国家可以左右它、操纵它、控制它。

第二节 社会关系特征的进化

一 互动关系的兴起

进入服务经济阶段之后,由于生产力的进步以及生产方式的变更,社会关系发生了巨大的变化,其核心是人际间的合作关系变得极为重要,在服务过程中的互动意识的建立,使共享作为一种基本理论渗透到人际关系之中。

第一,合作成为人际关系的基点。在服务经济时代,人们需要共同配合完成服务过程,需要深度合作完成知识创造过程,因此,合作是人际关系的基本出发点。

第二,共享成为人际关系的目的。以信息共享为特征的知识创造过程、以快乐共享为特征的服务过程,对人际关系形成极其重要的影响,因此,共享成为人际关系的目的。

第三,互助、互动等具有相对意识的行为日益普及。由于满足物质需要的手段日益丰富,对人类而言,互动、互助等意识将日益普及,使人类在互助过程中,完成对自身的超越。

第四,服务经济时代以个性化、互动与体验为主的消费关系,使互动成为一种常态。

在服务经济时代,消费成为个性表现、情感体验与心情互动的一种方式。因此,服务经济阶段的消费,首先反映了消费者的个性,消费者以自己的个性,取代商品经济时代的符号价值。表现个性而非表现价值,是服务经济时代消费关系的一个重要方面。

同时,消费者的情感体验变得日益重要,消费者的消费过程是对自己情感的一种探索,具有深刻的体验价值。

这样，服务消费过程中，消费者与服务提供者之间的情感互动也日益重要，服务消费过程成为一种心情传递过程。这种过程的价值与愉悦，将超越物质消费、符号消费带来的心理满足。

二 信任模式的进化

服务经济阶段的信任关系是一种合作型信任。在服务经济阶段，由于服务产品的无形性、生产与消费的同步性、价格的难确定性等问题，人们需要团结给人以安全感，合作给人以保障，因此，契约型信任无法成为服务经济阶段的主流信任模式。而服务完成过程中的互动、合作与共享，为合作型信任打下了良好的基础。从未来发展趋向看，以合作为基础、以共享为目标、以契约为辅助的信任关系，将是服务经济阶段的主流信任模式。

这种信任模式变化带来了许多有意义的后果：

第一，人成为社群的一部分。社群的兴起，正是基于人际间的信任模式的变化。我们在前文的研究表明，社群是难以实现契约化的。很少有社群是基于契约建立的，绝大部分社群都是基于人际合作而建立的，这需要信任模式从契约型向合作型转化。

第二，永远在线的通信模式，使人类信任模式的作用更大。社交网络上建立的关系已经成为我们数字大门前的内容过滤器。但是，把社群理解为虚拟网络的事情，这是狭隘的。在移动互联网普及的时代，人类永远在线，使线上虚拟世界与线下现实世界逐步同一化，这使传统"社区"与基于互联网的"虚拟社群"之间能够实时沟通，从而使合作型的信任模式能够发挥出更大的作用。例如，未来的各类平台都将基于社群，社群的信任模式将为平台发挥更大的作用提供基础资源。

第三节 社会与经济的"嵌入"与"脱嵌"

一 社会对经济的"嵌入"

在20世纪50年代，波兰尼用了"嵌入"（embededness）一词来说明经济和社会的关系。波兰尼认为,与亚当·斯密等经济学家设想的相反,人类并不具有与生俱来的倾向于交换的天性,最初劳动分工的发展也并不依赖于市场的存在,"人类的经济是浸没在他的社会关系之中的。他的行为动机并不在于维护占有物质财物的个人利益,而在于维护他的社会地位,他的社会权利,他的社会资产。只有当物质财物能够服务于这些目的时,他才会珍视它,在每一种情况中,经济体系都是依靠非经济动机得以运转的"[1]。在波兰尼看来,19世纪以前的人类社会,经济始终是嵌入于特定社会关系和社会网络之中的,是附属性的,经济是社会的有机组成部分,经济秩序是社会秩序的功能之一,两者是相容互利的。

在服务经济阶段,社会关系发生巨大变化。由于脱嵌的自律市场意味着市场逻辑无限扩张、大行其道,不仅主导了物质资料的再生产,而且主导了社会的生产与再生产,社会因此陷入被宰制甚至被吞没的境地。

我们正被卷入一个新的、比此前几次都更加强劲的"工业革命",因为它和科学的变化相联系,它越来越被超大型公司的选择和策略所主导。科技进展的首要目的并不是为了回应当代的严重紧急状况:保障地球的生命力、保障人类整体都拥有合适的生活条件,反而越来越多地服务于为拥有购买力的阶层、阶级和机构创造和构建一些新的商品。

正如米歇尔·波德在《资本主义的历史:从1500年到2010年》所说,一旦传统社会被"自动调节市场"的普及和它的超越商品生产的在土地、劳动和金钱上的扩展所拆散,"社会就会被当作市场的附属来管理,不再是经济嵌入于社会关系之中,而是社会关系嵌入于经济体系之中",成为"经济体系的源泉和模子",市场就将人际关系和社会关系转化为金钱关系。

对于脱嵌的市场甚或市场社会,波兰尼所要表达的是社会错位

---

[1] [英]卡尔·波兰尼:《大转型:我们时代的政治与经济起源》,冯钢、刘阳译,杭州人民出版社2007年版,第39—40页。

(Dislocation)下畸形的市场与社会关系（前提是市场仍然作为社会构件而存在）。在这种情况下，原本偏居一隅的市场反过来侵蚀了社会空间——如同哈贝马斯所说的"生活世界的内在殖民化"，其地位由边缘移至中心。市场社会的情形是：市场湮没了社会（一种极端情况），市场变得以社会的唯一组织逻辑而存在，这不仅整合了人类的生计领域，还整合了社会，导致真正的社会空间日渐逼仄；人性自身的价值被诋毁、抹杀，而交换价值至上的理念得到宣扬并被实践。按波兰尼的说法，"市场制度的运作不仅仅'影响'社会的其他部分，而且起着决定作用"（Polanyi，1996），即形成了市场原则主导整体社会运行的局面，不是市场附着于社会，而是社会从属于市场机制——这正是经济自由主义者的理想愿景。

二 社会对经济的"脱嵌"

波兰尼指出，一个"脱嵌"的、完全自我调节的市场力量是十分野蛮的力量，因为当它试图把人类与自然环境转变为纯粹的商品时，必然导致社会与自然环境的毁灭。"完全自我调节的市场理念是彻头彻尾的'乌托邦'。除非消灭社会中的人和自然物质，否则这样一种制度不能存在于任何时期，它会摧毁人类并将其环境变成一片荒野。"[1]

因此，商品的统治并不主要表现在物质商品的增加和"堆积"，如同我们在19世纪所想、20世纪所见的那样，那是消费品公司的好日子，商品的统治将会是——它已经开始是——人类生活的所有时刻、社会功能的所有方面受制于市场的力量，并且地球的所有越来越归为只是人的"环境"。简而言之，人、社会和地球的商品化。[2]

这一市场领域的扩张和货币关系的扩张相伴而生，这正是我们社会极为深刻的变化所在：技术、研发、科学投资的增加；需求的

---

[1] [英]卡尔·波兰尼：《大转型：我们时代的政治与经济起源》，冯钢、刘阳译，杭州人民出版社2007年版，第4页。

[2] [法]米歇尔·波德：《资本主义的历史：从1500年到2010年》，上海新书出版社2011年版，第327页。

增加和满足这些需求的模式的更新；价值、社会结构、动机、行为的转变；决定地点的分散和责任的稀释。同时，直到现代都一直是服务于社会的生产活动，趋向相对于其他社会活动整体变成了主导：经济相对于人类社会自主了。

波兰尼认为，在市场经济力图扩张并将越来越多的要素囊括进市场体系的同时，出于自我保护的本能，人类社会就会兴起"社会保护运动"，如此，保护性的反向运动必然发生，因为一个"脱嵌"的经济社会导致的灾难必须被阻止。"社会保护运动"的宗旨在于重新实现社会对市场的控制，或将市场的作用限制在社会能够控制的限度内，避免市场恶性膨胀而最终导致人类社会走向自我毁灭。

第七章　迈向服务经济时代的动力机制

罗莎·卢森堡在评论第一次世界大战的爆发时，引用了恩格斯的一句话：资本主义社会站在历史的十字路口，要么过渡进入社会主义，要么倒退回野蛮社会。对于商品经济而言，由于其大规模标准化生产所导致的对生产者及消费者的异化[①]，如果缺乏进化到服务经济的足够动力，那么，社会经济将面临极大的风险。我们认为，迈向服务经济时代的主要动力仍然来源于两个方面，即社会机制与经济机制。

第一节　社会机制

从本质上看，迈向服务经济时代的社会机制主要取决于两个方面：一是技术进步因素；二是技术进步给人赋权（Empower），获得权力之后人们将会对社会经济前进方向做出选择。

一　技术进步的方向

2011年9月网络杂志《石板》（*Slate*）发表了法哈德·曼朱（Farhad Manjoo）一个很长的系列文章，讨论"机器人的入侵"。之后不久，麻省理工学院的两个经济学家布林约尔松和麦卡菲发表了一本电子书《和机器赛跑》（*Race Against the Machine*），他们认为：

[①] 例如，对生产者而言，标准化分工式大生产，使工人局限于某一个生产环节，由于人力资本的锁定效应，他本身事实已经被异化了。而对于消费者而言，符号消费的兴起，就是消费的一种异化。具体参见本书上篇的论述。

自动化正在迅速控制那些直到最近还被认为是资本主义经济工作机会最多的领域。从全自动汽车制造厂到可以诊断病情的电脑，自动化不仅仅控制了制造业，而且控制了服务业的许多领域。

科利·多克托罗（Cory Doctorow）的小说《魔法王国受难记》(*Down and Out in the Magic Kingdom*)想象了一个后匮乏的世界，背景看上去仿佛是今日美国的衍生。和在《星际迷航》中一样，物质匮乏在《魔法王国受难记》中也已经退居次位了。但是多克托罗理解的人类社会中，某些非物质的商品将总是匮乏，比如名誉、尊敬、同辈中的口碑。于是这本书围绕书中人物企图积累"物非"（Whuffie）来展开。物非是一种类似于虚拟的小童军点数的东西，每一点代表你积累的信誉值。并且，物非被用来决定一个人在任何自愿组成的集体企业中的权威。

和《星际迷航》比较来说，多克托罗那本书的价值在于：它认为发达商品经济之后的世界仍然存在等级和冲突，而不是一个人人都生活在绝对和谐、没有政治冲突的社会。名誉，如同资本，可以通过不平等和自我繁殖的方式被积累，就如同那些已经很受欢迎的人获得了做某些事情的能力，而他们做这些事情的结果是获得更多的关注而使得自己更加受欢迎。这样的动态关系我们现在就能看到，比如博客和其他社交媒体制造出广受欢迎的守门人，而这些守门人能够决定哪些人得到关注，哪些人被忽略。这一个方式和谁有钱可花不尽相同。即便脱下其资本主义的外衣，如果我们组织一个社会根据的是某人在Facebook上面受欢迎的程度，那么最低限度都会有某些弊端。[①]

二 技术赋权的意义

技术进步使人在自然界面前有了更多自由，这是通向服务经济阶段的前提。

在农业经济时代，社会的主要物质生产部门是农业部门，社会产品主要是农产品。这就决定了农产品是满足人们生活需要的主要

[①] 参见彼得·弗雷兹：《资本主义之后的四种未来》，http://select.yeeyan.org。

消费品。而这种消费品只能供人们吃和穿，解决生存问题，无法满足人类发展和享受的需求，不难理解这样的生产和消费尚处于初级阶段。进入工业经济时代，社会的主要物质生产部门除农业生产外，又出现了工业部门，且成为超过了农业的主要物质生产部门。满足人们生活需要的主要产品除农产品外，主要是工业品。工业品的大量出现，不仅更好地满足了人类生存的需要，也在一定程度上解决了人类发展和享受的需要。这就显著地提高了居民消费水平，促进了消费结构的优化和升级。如果说农业生产和工业生产解决了人类生存、发展和享受需要的"硬件"问题，那么进入服务经济时代，服务生产则向人们提供了大量的"软件"，主要满足人们发展和享受的需要。像金融、电讯、网络、航空、旅游、教育、文化、医疗、体育等现代服务业的发展以及它们提供的各种服务消费品，将使居民消费迈上新的台阶。随着经济和科学技术的不断发展，服务消费将成为人们生活的主导者和主旋律。

新技术革命使人对社会的认识也发生了变化。马克思认为，技术的力量使人摆脱了自然的奴役，但是，剥削制度又使人受到了社会的奴役。在服务经济阶段，一方面技术进步使服务提供者拥有更丰富的服务手段与服务方法，劳动者的劳动过程变得更需要情感投入，这进一步提升了劳动者的主观能动性，使劳动者能够最大限度地避免受到资本的奴役；另一方面技术进步还能够使消费者获得更多的主动权。例如，以信息网络技术为基础的电子商务所带来的产业革命本质上是消费者利用互联网技术实现自身消费权力最大化的过程。

从社会阶层看，服务经济阶段信息技术高度发达。信息技术的高度发达不但使信息流动更快，使信息不对称问题得到更好的解决，而且信息技术本身带来的能力效应，如社交能力、学习能力、创新能力等效应，使一些弱小、边缘力量变为主动方，成为主导的力量甚至是决定性的力量。[1] 这样，人受到社会奴役的可能性大大减小。

---

[1] 参见信息社会50人论坛《边缘革命2.0：中国信息社会发展报告》，上海世纪出版社2013年版。

第二节　经济机制

　　服务经济是在"商品选择过多，亚文化的崛起，生活的多样性增加，信息超负荷"的背景下出现的一种新的经济形态。在这种形态下，随着商品生产的日益丰富，人类的低层次的需求不断得到满足，人及其精神需求在社会经济中的中心作用日益凸显。在人成为经济的核心之后，人的自我实现需求是一种普遍的主流。由于消费者、生产者、服务提供者均有自我实现的需求，因此，生产模式将朝着各方关系共进的方向发展。这样，生产模式演化的过程中，消费者、生产者、服务提供者之间不再是一种对立关系，并需要在满足人的精神需求的同时，建立一种新型的人际关系。

　　服务经济时代，正如历史上其他经济阶段一样，其到来必将是一个渐进的过程。正如 F. 布罗代尔指出，"今日世界 90% 是过去造成的，人们只在一个极小的范围内活动"①。或者如奈比斯特所说：很多事情变了，但是大部分事情没有变。

　　但是，服务经济的确来临，这种伟大转变的根本原因在于，经济活动的目的正在发生改变。正如托夫勒所指出的，他们缺乏想象力的原因之一在于，当他们考虑技术进步时，只是一门心思地考虑经济活动的手段。但是，超工业革命对经济活动的目的也提出了挑战。它不仅将要改变生产的"方法"，而且要改变生产的"原因"。简言之，它将要改变的恰恰是经济活动的目的。②

　　在服务经济阶段，取代有形商品交易的，将是一种对人更高层次需求进行满足的新模式，或者说一种情感体验。

　　在有形商品交换占主导的时代，"契约"非常重要。但是，在

---

　　① ［法］F. 布罗代尔：《15 至 18 世纪的物质文明、经济和资本主义》，生活·读书·新知三联书店 1993 年版，代序第 18 页。
　　② ［美］托夫勒：《未来的冲击》，生活·读书·新知三联书店 1987 年版，第 35 页。

情感体验时代，我们面对的是"契约的死亡"。[①] 在人际关系解构、社会情感崩溃、信任关系重新梳理的时代，如何重新建构社会经济，将是一个重要的问题。

从产品经济到商品经济的伟大转变过程，实质上是一个从"身份到契约"转变的过程。而从商品经济到服务经济的转变，将是一个从"契约"到"社会契约[②]＋合作＋共享"的过程。同时，人与自然的关系也会进行重构，将在人与自然和谐相处的背景下，实现人的全面发展。

[①] 参见［美］吉尔默《契约的死亡》，哥伦比亚大学出版社1974年版。
[②] 美国学者麦克尼尔主张将契约置于整个社会背景中予以分析，从而独树一帜地把超出合意之外的各种纷繁复杂的"关系"引入到了契约中。他指出，契约的根源有四个：社会、劳动的专业化和交换、选择、未来意识。如果考虑到这些因素，契约将成为一种"社会契约"。参阅麦克尼尔《新社会契约论》，雷喜宁等译，中国政法大学出版社2004年版。

附录　服务经济阶段的中国机遇："中国服务"的崛起[①]

自改革开放以来，中国经济快速发展，经济总量于2010年增长至全球第二。2015年，中央又提出了"到2020年全面建成小康社会"的宏伟目标。在经济发展过程中，中国在新中国成立以后的60多年中，都是以工业化作为基本目标，以赶超西方先进国家为己任，使我国在较短时间内实现了工业化，并成为全球最大的工业制造国。在社会发展方面，自改革开放以来，国家在社会生活领域的退出，使改革开放前形成的"国家包办一切"的全能国家逐步消退，商品经济与交换意识开始渗透到生活的方方面面，这使以商品为核心的消费生活的兴起，成为中国进入服务经济阶段的基础与前提。

一　中国进入服务经济阶段的必然性

我国经济快速增长，总量上已经非常庞大。按市场汇率计算，2010年中国已超越日本，成为世界第二大经济体。与此同时，到2011年，中国的制造业增加值也超过了美国，成为世界第一大工业制造国。[②] 预计2015年我国国内生产总值中，服务业增加值将超过50%，这是我国经济史上服务业首次占据绝对主导地位，虽然与发达国家服务业占比70%以上仍有差距，但从中国经济发展状况看，这表明了中国经济向服务经济转型的端倪，这是一个新的信号与方向。

[①] 本部分内容曾在首旅集团"践行中国服务"中层干部培训班上进行演讲。感谢首旅集团董事长段强先生的有益建议，也感谢培训班全体学员在互动过程中所提出的意见。

[②] 据我们估计，2011年，中国制造业增加值约为154094亿元人民币，折合24456亿美元，相当于美国的1.33倍。

从未来中国经济发展的方向看，选择"中国服务"战略，实现服务经济崛起，是中国经济持续健康发展的不二选择。

第一，中国经济缺乏竞争力的现实，使中国必须选择新的战略。在中国经济势力日益强大的同时，却面临着缺乏世界级企业、世界级控制力、世界级影响力的尴尬现实。这一现实问题的背后原因，正是中国制造业单纯强调加工制造阶段，缺乏服务业的支撑。[①]

我国现有的经济政策框架是基于比较优势理论，即充分发挥中国的劳动力成本优势，推进加工贸易超常规发展。这种政策思路，忽略了高端服务业在国家经济安全中所扮演的角色。从当今世界经济发展趋势来看，随着专业化分工的深化和专业服务外置化趋势的发展，制造业竞争力将越来越依赖于设计策划、技术研发、物流、原材料采购等生产性服务业的支撑，而国家经济安全，就取决于这些服务体系是否完整，并不完全依赖于制造业生产能力。从这个意义上说，完全站在某一制造行业市场占有率的基础上，对产业经济安全乃至国家经济安全做出分析，是片面的。以美国为例，第二次世界大战后的60多年里，美国制造业占全球制造业的比重，已经从50%下降到了当前的15%左右，平均每年下降0.5个百分点之多，其下降速度之快，已远远超过了中国制造业在18世纪末的下降速度。但是，由于以金融、科技研发、商务服务、文化创意等为代表的高端服务业的崛起，美国一直保持着世界第一强国的地位，其经

---

① 我国经济崛起过程，是抓住了全球经济模块化制造的机遇，积极参与全球产业链分工，充分发挥我国的劳动力资源优势与低成本优势，通过加工贸易的形式加入全球产业价值链。由于模块化生产具有核心功能集成化和整体功能模块化的特点，因此，跨国公司把高创新率、高附加值和高进入壁垒的核心部件的生产保留在发达国家内部，而将惯例化的、低附加值的、几乎没有进入壁垒的和劳动密集型的非核心部件的加工、制造和组装环节转移到中国，将中国打造为全球制造基地。为了压制中国产业的崛起，跨国公司还通过对制造业产品的研发、设计等生产性服务活动以及整个产业价值链的生产性服务活动进行控制，把中国全面压制在报酬递减的低附加值活动中，诸如加工组装等简单环节。跨国公司不仅将高知识密集型活动和高研发投入的研发、设计的生产性服务业都留在了发达国家，而且，原料采购、物流运输、金融保险、终端零售等诸多环节，也被跨国公司掌控，只有加工、组装、制造等中间环节转移到中国，这使中国长期处于产业链低端。

济、科技、军事等综合实力在全球无人匹敌,不仅如此,美国还对全球经济有着非常明显的控制力。

从未来发展看,打造"中国服务",使中国经济进入到"服务经济"阶段,将是国家经济发展的一个重要方向。

第二,社会需求的持续演进。从层次需求理论看,需求的前几个层次主要与商品相关。而与自我实现等高层次需求相关的,基本都是服务消费。随着物质商品的丰富化,我国居民开始向以自我实现为主体的需求阶段演进。相关统计研究表明,1992—2009 年,我国城乡居民服务消费支出增长迅速,城镇和农村居民服务消费支出年复合增长率都在20%左右。2009 年,城镇居民人均服务消费支出达 3630.5 元。①

第三,社会生活模式发生了极大的变化。改革开放以来,单位职能的弱化,使全能国家在社会生活领域逐步消退。全能国家的消退,需要以经济手段来弥补原来由全能国家担任的社会服务职能。服务的社会化与商品化,将促进服务经济的发展。

商品经济的极度发展,物质生活的丰富化,使商品带来的满足感日益削减。这样,人们的需求多元化,使服务成为人们的新需求。

商品经济发展,带来了人们生活地域范围的扩大,这样,原来的熟人社会逐渐解构,而由于历史文化等原因,完整的西方式的契约社会也没有完全形成。在交换关系的高度发展的背景下,需要进一步整合出一种新型的社会发展模式。

二 实施"中国服务"战略,是中国步入服务经济阶段的必然宿命

在中国以高资源消耗、高度依赖国际市场为特征的出口加工面临着严重挑战时,中国的持续崛起,需要走与以往"中国制造"并不相同的发展路径,这就是全面实施"中国服务"战略。

1. 中国在没有做好准备的情况下,成为"世界工厂"

随着国际分工的深化和国际产业的转移,第四代"世界工厂"

---

① 夏杰长、张颖熙:《中国城乡居民服务消费现状、趋势及政策建议》,《宏观经济研究》2012 年第 4 期。

的内涵已经发生了根本的改变。在工业化时代，制造业是支撑一国经济繁荣的支柱，制造业标志着国家的综合实力和产业竞争力，所以"世界工厂"的称号意味着一国的科技、制造和贸易水平居世界领先地位，在世界经济中具有重要的作用和地位。但在后工业化和信息化时代，高科技产业取代工业制造业代表产业的最高水平，传统制造业在世界经济中的作用和地位逐步下降，制造中心的地位与一国的综合实力和产业竞争力的相关关系明显弱化。经济全球化背景下的发达工业国家不再谋求世界制造中心的地位，其以跨国公司为主导通过国际分工的深化将产品的不同生产环节分解，将设计、研发、管理和营销等高增值知识产品生产环节留在发达国家，而将物质产品生产的制造环节和低附加值制造过程转移到发展中国家，并通过对全球价值链的控制力来控制和管理生产制造，实现国内产业结构升级和对制造利润的更大占有。在后工业化时代，"世界工厂"更多地体现在产品生产链上制造环节和制造工序上的集中，其颇有"世界加工厂"或"世界工厂车间"的味道。

中国第四代"世界工厂"的内涵具有以下特征：（1）世界科技中心对世界制造中心具有较强的控制力，制造业中心处于从属地位；（2）无贸易中心的配置，某些重点行业生产与出口在世界市场具有绝对优势；（3）没有金融中心的支撑；（4）产品内分工和要素分工成为国际分工主流；（5）以机械电子产品、家用电器、汽车、建筑业等为支柱产业。

附表1　　　　　　　　　"世界工厂"的生命周期

阶段		英国（第一代）	美国（第二代）	日本（第三代）	中国（第四代）
		创新期		成熟期	衰退期
形成阶段	科技革命	第一次	第二次	第三次	第三次
	工业化时期	前工业化	工业化	后工业化初期	后工业化
	世界科技中心	是	是	否	否
	世界贸易中心	是	是	是	否
	世界金融中心	是	是	否	否

续表

阶段		英国（第一代）	美国（第二代）	日本（第三代）	中国（第四代）
		创新期		成熟期	衰退期
特征表现	创新能力	创新期	创新期	模仿创新期	标准化生产
	支柱产业	纺织、采矿、冶金等	钢铁、电力、化工、汽车等	半导体、电子信息产品、汽车等	纺织、家用电器、加工制成品等
	要素优势	知识密集型	知识密集型	资本技术密集型	劳动密集型
	国际分工	产业间分工	产业间分工	产品内分工	产品内分工、要素分工

资料来源：曾慧琴：《后工业社会服务经济的演进与利益摩擦》，博士学位论文，厦门大学，2009年。

从附表1中可以看出，中国虽然凭借着巨大的劳动力成本优势与后发技术优势，在30年内成为"世界工厂"，但是，由于中国在科技、金融、贸易等方面没有能够建立竞争优势，使中国的世界工厂完全建立在以低劳动力成本为特色的低价战略上，这种优势将随着社会经济发展自动消失。因此，在这个意义上，"中国制造"战略将不可持续。

从未来发展看，"中国制造"只有融入更多的服务元素，推进以数字化与智能化、平台化为特征的制造服务化2.0[①]，才是中国制造的出路。

2. "中国制造"战略不可持续

从未来发展看，以密集使用劳动力、高资源消费、高度依赖国际市场等为特征的"中国制造"战略不可持续。

第一，低劳动力成本优势不再。由于就业人口总量已进入高峰等因素影响，我们预计，中国整体工资水平未来5年将上涨80%，

---

① 制造服务化2.0，在本质上是信息技术渗透于生产价值链全过程，将研发设计、加工制造、营销服务三大产业链整合于一个共同的网络化信息平台，使生产过程全面智能化；以大数据实现预测化生产过程，能够全面避免生产过程中的故障，并实现按需生产。依托移动互联网终端等智能设备实现一体化整合，等等。

这意味许多"中国制造"的产品价格也将水涨船高,丧失其最大的竞争优势——低价优势。

第二,中国的自然环境在工业化过程中受到了极大的破坏。承载了人类几千年来繁衍生息的自然环境,却随着人类工业化及城市化的活动日趋广泛,造成了环境恶化、能源紧缺等现实的、可预见或无法预见的各种自然环境灾害。已经严重影响到人类经济活动和持续的生存发展。据测算,中国的"生态足迹"[①] 是每人 1.6 公顷。这表明,为了满足中国 12 亿人口当前消耗自然资源的速度,中国将需要两倍的土地和水域,或者将该指标削减到每人 0.8 公顷。

第三,中国产品的国际市场发展日益受限。近年来,中国制造虽以"物美价廉"大举进入国际市场,但也受到了全球各国的反倾销、反补贴等各种方式的调查,未来能够持续开拓国际市场的空间受限。

3. "中国文化"日益没落,无法支撑国家崛起

最近几十年间,以最大限度地引进西方先进科学技术为特征的开放战略,使西方文明已渗透到中国生活的每个角落,中国自身的文化传承无法得以保存,中国的发展缺乏文化认同。从"中国制造"看,以大规模标准化制造、流水线、机器替代劳动力、科层式管理、精细化分工等为特征的现代制造业,本身就是西方文化的产物,而且,在某种程度上成为西方文化入侵的载体。但是,西方文化本身所存在的弊端,尤其是以商品经济为基础的西方文化所带来的问题[②],为中国未来发展带来了隐患。

因此,"中国制造"不可能成为中国文化的传承者。从文化基因传承的视角看,"中国服务"才具有承担文化基因的能力。

第一,"中国服务"是分享经济的代表。"中国服务"的特色源于中国文化的特质,在服务过程中,注重服务提供者与服务享受者

[①] "生态足迹"测量多少生产用地和内陆水资源能够满足当前每个人平均生活水平。

[②] 关于以商品经济为基础的西方文化所带来的问题,例如,符号消费的问题等,请参见本书相关章节的论述。

之间的互动,注重二者之间的用心沟通与交流,是建立服务分享的重要文化基础。而在服务过程中,服务提供者的全心投入与服务接受者的全力配合,从而产生"用心服务"的完美结果,是"中国服务"的显性表现。而中国文化基因,将在这种服务与接受服务的过程中,得以传承。

第二,"中国服务"的亲情特色,有利于重建社会服务体系。现代西方服务以分工和标准化为特征,以追求效率为目标,这种服务理念,强调契约与金钱交换,在本质上将导致人与人之间的关系变为一种纯粹的商品关系,是一种对人本质及人与人关系的异化。而中国文化注重亲情,使"中国服务"能够在工作过程中体现"亲情特色",使人与人之间的关系从契约与交换关系回归到本色,有利于重建社会服务体系,并使中国注重亲情的文化传统得以传承。

第三,"中国服务"是精细化的贴心服务。这种精细化体现在服务是从人的需要出发,更多地体现了人与人之间的贴近关系。这使中国传统文化中的亲切的人际关系,以人缘为特征的社会关系网络等,得以保留。

第四,"中国服务"既有高端服务,也有大众化的服务,使文化能够体现于社会生活的各个方面,真正保留中国文化的特质。

三 "中国服务"战略的内涵

"中国服务"战略是完全不同于"中国制造"的发展战略。这一战略,是基于中国特有的文化传承,以天人合一、人际和谐为基本理念,以用心服务为核心竞争力,重塑社会各种服务,并达致服务提供者与消费者共享幸福的境界。这一发展战略中,不但包含着技术创新等内容,更多地包含了商业模式创新、分配因素的创新等诸多因素,具体参见附表2。

附表2　　　　　　　　中国制造与中国服务的分野

	中国制造	中国服务
战略目标	GDP 快速增长, 追求财富	满足人民群众生活需求, 追求幸福

续表

	中国制造	中国服务
文化底蕴	以征服自然、提高对大自然控制能力的西方文化为底蕴	以天人合一、人际和谐的中国传统文化为底蕴
要素使用	以资本替代劳动,资本不断增密,成为决定竞争力的核心要素	保持劳动力的适度使用,人力资源成为关键因素
核心竞争力	物美价廉	用心服务
生产模式	大规模标准化生产	大规模定制化服务
劳动者地位	作为资本与技术的补充,人是技术不能及的替代物	劳动者与服务消费者之间是平等合作关系
生产者—消费者关系	本质上是对立的,生产者追求利润最大化,而消费者追求效用最大化	本质上需要合作;服务质量的高低依赖于服务这一动态过程的所有生产要素的状况;生产者与消费者之间保持互动
资源消耗	高资源消耗	低资源消耗
环境压力	大量的碳排放,以及对环境的破坏,人与自然对立	低碳排放,对环境的破坏较小,人与自然和谐
市场战略	以海外市场开拓为主,兼顾国内市场开发	以国内市场开拓获得竞争力,以海外市场打造品牌
发展所需的资本	物质资本、人力资本	物质资本、人力资本与信用资本

这一战略能够突破中国当前所面临的发展"瓶颈",获得可以持续发展的动力。

值得注意的是,"中国服务"中所使用的"人力资本"概念不同于"中国制造"。在"中国制造"语境下,人被异化为机器的一部分,社会进步的理念体现在不断地以机器替代人力。而所谓的"人力资本",只是用于与物质资本相结合,赚取更高利润的工具。在"中国服务"语境下,人力资本源于人的本性,包括人的体力、智力与心力。

这是因为,为顾客提供服务的是企业的员工,而优质的服务来源于企业的员工对顾客的尊重以及恰如其分的个性化服务等因素的综合。对于企业来说，为内部顾客提供优质的服务是促使员工向顾客提供优质服务的基础，只有让他们舒心满意，才更有可能让他们为顾客提供优质服务。优质的服务可以提高顾客感觉中的消费价值和满意程度，增加回头的可能性，并争取到顾客。现在的企业片面地强调员工为顾客提供优质服务是不够的，员工是企业的主人、是企业最宝贵的资产、是企业的内部顾客，为内部员工提供优质服务，可提高员工的服务意识、态度、知识和技能，相应地就提高了顾客感觉中的服务质量，并提高企业的市场声誉和经济效益。

因此，在"中国服务"语境下，人力资本与企业是融合为一体的。

中国服务也不同于以效率优先、成本优先为特征的西方服务，而是将传统文化升华，建立幸福共享的服务模式，具体参见附表3。

附表3　　　　　　　中国服务与西方服务的分野

	西方服务	中国服务
基本导向	完成服务目标	重视服务过程的体验性
基本诉求	效率优先、成本优先	幸福共享
战略要求	以服务达致利润最大化	以服务实现人与人之间的和谐
人力资源使用	以标准化、机械化、智能化、信息化替代人力资源	保持人力资源的适度使用
服务质量保证模式	以标准化保证服务达到公认质量标准	以个性化、互动性确保服务体验的完美
生产者—消费者关系	客户—顾客关系	合作共享关系
标准化	高度标准化	适度标准化
资本使用	大规模密集使用资本，大量使用自动化机械	适度使用资本，资本配合劳动力完成服务过程
信息技术的作用	主要用于机械控制与自动化	主要用于服务提供者与消费者之间的信息沟通

参考文献

[1]《马克思恩格斯选集》第 1 卷,人民出版社 1995 年版。

[2][美]曼纽尔·卡斯特:《网络社会的崛起》,夏铸九等译,社会科学文献出版社 2001 年版。

[3]吴秉元:《哲学与社会主义现代化建设》。

[4][美]加耳布雷思:《丰裕社会》,徐世平译,上海人民出版社 1965 年版。

[5]《马克思恩格斯选集》第 2 卷,人民出版社 1995 年版。

[6]《马克思恩格斯全集》,人民出版社 1985 年版。

[7][美]马尔库塞:《反革命和造反》,商务印书馆 1982 年版。

[8]糜海波、马尔库塞:《技术资本主义批判》,《内蒙古社会科学》(汉文版)2010 年第 1 期。

[9] Baudrillard Jean, *The Consumer Society*, London: Sage Publication, 1998.

[10] Baudrillard Jean, *The System of Objects*, Britain: Verso, 1996.

[11][法]波德里亚:《消费社会》,刘成富、全志刚译,南京大学出版社 2000 年版。

[12] Adam Ferguson, An *Essay on the History of Civil Society*, Edinburgh: Edinburgh University Press, 1767.

[13][日]梅卓忠夫:《论情报产业》,《朝日放送》1963 年第 1 期。

[14][美]马克·优里·波拉特:《信息经济》,中国展望出版社 1987 年版。

[15]李勇坚:《知识与增长》,中国社会科学院研究生院,

2003年。

[16] [美] 曼纽尔·卡斯特：《信息化城市》，崔保国等译，江苏人民出版社2001年版。

[17] 马克斯·韦伯：《儒教与道教》，王容芬译，商务印书馆1995年版。

[18] [日] 栗本慎一朗：《经济人类学》，商务印书馆1997年版。

[19] [英] 克里斯多弗·皮尔森：《现代性——吉登斯访谈录》，尹宏译，新华出版社2001年版。

[20] [英] 安东尼·吉登斯：《失控的世界》，周红云译，江西人民出版社2001年版。

[21] [英] 安东尼·吉登斯：《超越左与右——激进政治的未来》，李惠斌、杨雪冬译，社会科学文献出版社2000年版。

[22] [美] 曼纽尔·卡斯特：《千年终结》，夏铸九、黄慧琦等译，社会科学文献出版社2002年版。

[23] [俄] 普列特尼科夫：《资本主义自我否定的历史趋势》，《国外理论动态》2001年第4期。

[24] [法] 米歇尔·阿尔贝尔：《资本主义反对资本主义》，社会科学文献出版社1999年版。

[25] [美] 奥尔曼：《美国奥尔曼教授认为当今西方资本主义正在走向崩溃》，《国外理论动态》1995年第1期。

[26] [英] 锡德尼·维伯、比阿特里斯·维伯：《资本主义文明的衰亡》，上海人民出版社2005年版。

[27] [美] 德鲁克：《后资本主义社会》，上海译文出版社1998年版。

[28] [墨] 迪德里齐、达赛尔、佛朗哥等：《全球资本主义的终结——新的历史蓝图》，人民文学出版社2001年版。

[29] 《列宁选集》第1卷，人民出版社1995年版。

[30] 孙希有：《服务型社会的来临》，中国社会科学出版社2010年版。

[31] [美] 阿尔温·托夫勒：《第三次浪潮》，生活·读书·新知

三联书店1984年版。

[32] [法] 让·波德里亚：《消费社会》，南京大学出版社2001年版。

[33] 王海文：《服务利益论》，光明日报出版社2009年版。

[34] [美] 马歇尔·萨林斯：《石器时代经济学》，三联书店2009年版。

[35] Joseph F. Francois, Producer Services, Scale, and the Division of Labor, *Oxford Economic Papers*, 1990 (42).

[36] [美] 埃里克·布伦乔尔森、安德鲁·迈克菲：《和机器赛跑》，电子工业出版社2014年版。

[37] [德] 威廉·罗雪尔：《政治经济学原理》，商务印书馆1978年版。

[38] [美] 斯塔夫理阿诺斯：《全球通史（1500年前、后的世界）》，上海社会科学院出版社1999年版。

[39] [美] 杰里米·里夫金：《工作的终结：后市场时代的来临》，上海译文出版社1998年版。

[40] 刘李伟、邹永图：《马克思哲学视野中人与自然的关系》，《现代哲学》1998年第4期。

[41] 于必果：《商品经济形态的新元素论》，《企业家天地》2010年第11期。

[42] [英] 约翰·希克斯：《经济史理论》，厉以平译，商务印书馆1999年版。

[43] [美] 艾伦·杜宁：《多少算够》，吉林人民出版社1997年版。

[44] [美] 詹明信：《晚清资本主义文化逻辑》，三联书店1997年版。

[45] [英] 梅因：《古代法》，中国社会科学出版社2009年版。

[46] John Maynard Keynes, *Economic Possibilities for Our Grandchildren*, New York: W. W. Norton & Co., 1963.

[47] [美] B. 约瑟夫·派恩、詹姆斯 H. 吉尔摩：《体验经济》，

机械工业出版社2002年版。

[48]［德］霍尔茨：《预言大未来》，中国海关出版社2004年版。

[49]［美］卡尔·阿尔布瑞契特、让—詹姆克：《服务经济——让顾客价值回到企业舞台中心》，中国社会科学出版社2004年版。

[50]［美］西托夫斯基：《无快乐的经济：人类获得满足的心理学》，中国人民大学出版社2008年版。

[51] 王述英：《服务劳动也是生产劳动》，《经济学家》2002年第1期。

[52] 司汉武：《从服务经济的拓展看劳动价值论的理论局限》，《科学·经济·社会》2011年第3期。

[53] 葛陆地：《论科技劳动在价值创造中的作用及特点》，《经济研究导刊》2010年第10期。

[54] 高苏：《服务论》，中国旅游出版社2007年版。

[55]［美］丹尼斯·米都斯：《增长的极限》，吉林人民出版社1997年版。

[56] 刘华：《知识产权制度的理性与绩效分析》，中国社会科学出版社2004年版。

[57] 孙国华、黄金华：《论法律上的利益选择》，《法律科学》1995年第4期。

[58]［美］阿尔温·托夫勒：《未来的冲击》，中国对外翻译出版公司1985年版

[59] 彼得·弗雷兹：《资本主义之后的四种未来》，2012-12-05. http://select.yeeyan.org/view/339752/323657。

[60] 胡松、蔺雪、吴贵生：《服务创新组织模式初探》，《商业研究》2006年第10期。

[61] 姜奇平：《体验经济》，社会科学文献出版社2002年版。

[62]［美］约瑟夫·派恩二世、詹姆斯·H.吉尔摩：《体验经济》，夏业良译，机械工业出版社2002年版。

[63]［美］克里斯·安德森：《免费：商业的未来》，中信出版社

2009年版。

[64] 万海文、王新新：《消费领域共同创造价值的形成机理研究》，《经济管理》2010年第7期。

[65] 张等菊：《服务心理学》，经济科学出版社2013年版。

[66] ［美］迈克尔·桑德尔：《自由主义与正义的局限》，译林出版社2001年版。

[67] ［美］丹尼尔·贝尔：《社群主义及其批判者》，三联书店2002年版。

[68] ［英］卡尔·波兰尼：《大转型：我们时代的政治与经济起源》，冯钢、刘阳译，杭州人民出版社2007年版。

[69] ［法］米歇尔·波德：《资本主义的历史：从1500年到2010年》，上海辞书出版社2011年版。

[70] ［法］布罗代尔：《15至18世纪的物质文明、经济和资本主义》，生活·读书·新知三联书店1993年版。

[71] ［美］格兰特·吉尔默：《契约的死亡》，哥伦比亚大学出版社1974年版。

[72] ［美］麦克尼尔：《新社会契约论》，雷喜宁等译，中国政法大学出版社2004年版。

后 记

进入21世纪之后，服务业在全球经济中的地位日益重要。到2014年，服务业增加值在全球GDP的比重已达到70%。这使我思考一个问题，"服务"或者"服务业"在全球经济中的地位到底是什么？当我在思考这一问题时，我的同事戴学锋教授在与我的一次讨论中，提到首旅集团正在践行"中国服务"，其董事长段强先生对"中国服务"以及"服务经济"作为一个经济发展的阶段，进行了深入的思考，而且有些想法与我的思考有着不谋而合之处。基于此，我与戴教授等人，一起多次拜访了段先生，并就社会经济发展阶段问题进行了讨论。这使我对服务经济在更长的历史时段里的作用与意义，有了更为深入的看法，也坚定了我从更长的历史视野，从更宽的视角（经济与社会）来研究服务经济的信心。之后，段先生资助以戴学锋教授为组长的课题组对"中国服务"进行了更为深入全面的研究，而我有幸作为课题组成员，对此课题进行了更为深入的研究。其间，与戴教授等课题组成员就本书的基本思想进行了更为全面的讨论，戴教授等人就研究思路与研究框架等提供了丰富的意见。之后，本书的部分内容也在首旅集团的中层干部培训会上进行了讲授。

本书的成果，受到了中国社科院2011—2015年关于《服务经济史与服务经济思想史》连续五年的课题资助。该课题由中国社会科学院财经战略研究院副院长、服务经济研究室原主任夏杰长研究员牵头，由我本人担任主要执笔人，服务经济室刘奕博士、姚战琪博士、张颖熙博士等人参与。经过五年的研究，该课题的成果共有三个部分，第一部分是本书，从长的历史视角，从社会经济发展的角度，对服务经济在人类社会经济发展史上的地位进行了全面深入的讨论。第二部分是《服务经济思想史》，从重商主义思想出发，一方面对历史上重要的经济学家关于服务经济的思想进行了梳理，另一方面对历史上的重要服务经济思想进行了深入研究。此部分内容也多次在中国社会科学院研究生院进行讲授。该部分内容正由本人进行整理，拟于近期出版。第三部分是《第三次服务革命论》，本部分内容主要研究从工业革命开始，服务业在全球经济增长与发展中的意义与作用，尤其是该研究提出，在工业革命之前，已先有服务革命，如果没有之前的服务革命，工业革命不可能在短期内取得如此巨大的成功。该部分内容正由本人进行整理，拟于近期出版。

本书写作过程中，与夏杰长研究员、段强董事长、戴学锋研究员、姚战琪研究员、刘奕副研究员、张颖熙副研究员等人进行了多次讨论，感谢他们所提供的宝贵意见。在研究生院讲授期间，胡东兰、孙盼盼等同学帮我整理了部分笔记，曹超同学帮我整理了大量参考文献，在此深表谢意！

在本书写作过程中，我的爱人黄小丽女士作为本书的第一个读者，提供了文字等方面的意见。更为重要的是，在我埋头写作此书过程中，给了我一个温馨的写作环境，没有她，此书不可能如此快写就。最后但并非最不重要的，我儿子小逸天马行空般的想象力，经常为我的写作提供源源不断的灵感。在此，对他们表示深深的谢意！

当然，本书的所有错误与遗漏均由我本人承担。

李勇坚
2016 年 1 月 16 日